ANNE WARRLICH

Mensch und Katze

Glücklich leben mit Samtpfoten

FOTOS: MONIKA WEGLER
WHISKAS®

Inhalt

M M ä.. a o
M ä ä a o
o u M ä ä
M ä ä a o
M ä ä o
o M ä ä

Wie die Katze auf den Menschen kam

Warum schließt sich uns die Katze, die sich so viel von ihrer Eigenständigkeit bewahrt hat, enger an als andere Tiere? Warum halten wir ihr seit Jahrtausenden die Treue, obwohl sie uns keine Dienste leistet? Schön, dass Liebe nicht nach Erklärungen fragt ...

Gottgleiche Wesen

Lange vor der Zeitenwende wurden Katzen in Ägypten schon als Haustiere gehalten. Den Menschen am Nil galten sie als heilige Tiere. Der Legende nach stieg Sonnengott Ra jeden Abend bei Sonnenuntergang im Westen in die Unterwelt hinab, um bei Sonnenaufgang im Osten wieder geboren zu werden. Während der Nacht befand sich der Sonnengott in großer Gefahr, denn seine Feindin, die Schlange Apophis, lauerte auf ihn, um ihn zu töten. Doch die Löwen, in deren Augen sich die Sonnenstrahlen auch bei Nacht widerspiegelten, beschützten Ra. Zum Schutz von Ra errichteten die Ägypter Götterstatuen mit Frauenkörper und Löwenkopf wie etwa die der Göttin Bastet.

Die Verehrung hatte durchaus praktische Hintergründe: Katzen leisteten gute Dienste bei der Nagerbekämpfung. In den Kornkammern der Pharaonen war das eine wichtige Aufgabe. Der Katzenkult ging so weit, dass jeden, der eine Katze misshandelte oder tötete, die Todesstrafe erwartete. Verstorbene Katzen wurden mumifiziert und prunkvoll bestattet, und die trauernden Katzenbesitzer rasierten sich als Zeichen ihres Schmerzes die Augenbrauen ab.

Zärtlicher Caruso

Auf leisen Pfoten schlich sich Caruso heran. Schon hatte er meinen nackten Knöchel gepackt und traktierte ihn mit zärtlichen Bissen. Niemals würde Caruso im Spiel grob werden oder mich gar verletzen. Immer wusste er ganz genau, wie weit er bei seinen oft sehr wilden Spielen gehen durfte.

Besondere Beziehungen zur Katze gab es auch in anderen Kulturen. So wurde zum Beispiel der Wagen der nordischen Fruchtbarkeitsgöttin Freya von zwei großen grauen Katzen gezogen.

Von allen Tieren durften allein die Katzen die Tempel im alten Rom betreten. Als ihre Beschützerin galt Diana, die Göttin der Jagd, und die römischen Armeen sollen auf ihre Feldzügen immer Katzen mitgenommen haben. In den römischen Haushalten lösten die Katzen zahme Wiesel und Hausschlangen bei der Nagerbekämpfung ab. Eine wichtige Rolle spielten Katzen an Bord der Arche Noah, wo es unzählige Mäuse und Ratten gab. Noah fragte den Löwen, wie man der Plage Einhalt gebieten könnte. Der Löwe nieste und aus seinen Nasenlöchern kamen zwei zahme Katzen, die unverzüglich Jagd auf die Nager machten. Auch die Manxkatze wird mit Noahs Arche in Verbindung gebracht: Sie verspätete sich, das Tor zur Arche fiel gerade zu und klemmte ihren Schwanz ein. Seitdem müssen Manxkatzen ohne Schwanz leben. Der Prophet Mohammed hatte zu seiner Katze Muessa ein besonders inniges Verhältnis. Muessa schlief im Ärmel seines weiten Gewandes. Als Mohammed zum Gebet gerufen wurde, wollte er Muessa nicht wecken und schnitt kurzerhand den Ärmel ab, damit sie weiterschlafen konnte.

Von Katzen und Hexen

Die Beziehung der Menschen zur Katze war nicht zu allen Zeiten von Verehrung und Zuneigung geprägt. Im Mittelalter begann eine regelrechte Katzenjagd. Man machte Katzen, vor allem schwarze, für Unglück und Seuchen wie die Pest verantwortlich. Im Jahr 1233 erließ Papst Gregor IX. ein Dekret, das schwarze Katzen als Dienerinnen des Satans brandmarkte. Das war der Beginn einer erbarmungslosen Verfolgung, die sich bis in die Neuzeit fortsetzen sollte. Unzählige Katzen mussten ihr Leben in den Johannisfeuern lassen, weil nur die Verbrennung böse Geister fernhalten konnte. Schwarze Katzen galten als Komplizinnen

Ganz Auge und Ohr. Ein leises Rascheln genügt, und die Katze ist hellwach.

der Hexen. Für alleinstehende Frauen war es im ausgehenden Mittelalter lebensgefährlich, eine Katze zu besitzen oder auch nur in ihrer Nähe gesehen zu werden: 1618 wurden zwei Frauen als Hexen verbrannt, weil sie eine schwarze Katze mit einem Tuch verscheucht hatten.

Der Hexenwahn hatte viele Gründe. Frauen, die der Hexerei bezichtigt wurden, lebten fast immer allein, wussten sich zu behaupten und kannten sich meist gut in der Heilkunst aus. Sie hatten ihr Auskommen und waren nicht auf Almosen angewiesen. Auch Katzen sind unabhängige Wesen, die sich selbst versorgen können und nicht wie etwa Hunde um Futter und die Liebe des Menschen betteln müssen. Das alles rief bei vielen Zeitgenossen Unsicherheit und Angst, aber auch Neid und Hass hervor. Der Hexenverfolgung in Mitteleuropa fielen zwischen 40.000 und 100.000 Menschen zum Opfer, andere Schätzungen kommen sogar auf eine Million. Mit ihnen wurden unzählige Katzen stranguliert oder auf dem Scheiterhaufen verbrannt. Erst nach 1500 erkannte man, dass Ratten bei der Übertragung der Pest eine Rolle spielen, und begann – vor allem in Südfrankreich – Katzen gezielt zu züchten, um mit ihrer Hilfe der Rattenplage Herr zu werden. Für Millionen von Katzen kam die Rehabilitation zu spät.

Kinder und Katzenkinder: Wärme, Vertrauen und Verständnis.

Sinnliches und Übersinnliches

Unerklärliches, Übernatürliches und Geheimnisvolles übt auf uns eine geradezu magische Faszination aus. Katzen sind zu vielen Sinnesleistungen fähig, die wir uns nicht erklären können. Beschäftigt man sich allerdings im Detail mit diesen Phänomenen, verliert manches ganz schnell den Schleier des Rätselhaften und Übersinnlichen.

Katzen spüren Erdbeben voraus. Katzen können offensichtlich Magnetfelder registrieren, für die der Mensch nicht empfänglich ist, und sie reagieren auf extrem hohe Laute im Ultraschallbereich. Darüber hinaus besitzen sie einen hochempfindlichen Tastsinn: Druckrezeptoren in den Pfoten melden zuverlässig jede noch so geringe Erschütterung. Das macht auch verständlich, warum Katzen schon lange vor einem Erdbeben Verhaltensänderungen zeigen und mit Aufregung und Panik reagieren. Beim großen chinesischen Erdbeben von 1976 schleppten Katzenmütter ihre Jungen Tage vor der Katastrophe aus den Häusern. Da die Tierbeobachtung im von Erdbeben regelmäßig heimgesuchten China Tradition hat, taten es ihnen viele Menschen gleich, verließen ihre Unterkünfte – und überlebten das Desaster.

Katzen finden nach Hause. Die Erzählungen von Katzen, die über gewaltige Entfernungen wieder nach Hause gefunden haben, sind bekannt. Auch hier weist nicht Magie den Weg, sondern das außergewöhnliche Erinnerungsvermögen der Wanderfreunde. Mit mehreren Theorien versuchen die Wissenschaftler dem Heimfindevermögen auf die Spur zu kommen. Belegt scheint die Annahme einer audiovisuellen Orientierung. Danach haben Katzen bestimmte Hörbilder im Kopf, die ihnen beim Zurechtfinden im Gelände hilfreich sind. Das klappt natürlich nur, wenn auffällige Geräusche wie das Läuten einer Kirchenglocke oder das Summen von Überlandleitungen vorher „abgespeichert" wurden, also in vertrauter Umgebung. Bei Entfernungen über fünf Kilometer sind Katzen auf andere Orientierungshilfen angewiesen. Vielleicht orientieren sie sich an ihrer „inneren Uhr", die es bei allen Säugetieren geben soll, und dem Sonnenstand. Verrechnungsbasis sind hier die Abweichungen gegenüber dem Sonnenstand am Heimatort, der sozusagen als Bezugswert im „Bordcomputer" der Tiere fest gespeichert ist. Inwie-

weit das Magnetfeld der Erde eine Rolle spielt, ist unklar. Katzen, die mit einem Störmagneten ausgestattet wurden, der die Wahrnehmung des Erdkraftfeldes erschwerte beziehungsweise verhinderte, zeigten sich selbst in der Nähe ihres Heimatortes desorientiert.

Erhebliches Kopfzerbrechen bereiten den Katzenforschern die mysteriösen Fernreisen von Katzen an Orte, die ihnen völlig fremd waren. Zu solchen Gewalttouren brechen Katzen immer wieder auf, wenn ihr Besitzer umzieht und sie am alten Wohnsitz zurücklässt. Von Irrfahrten über 300, 500 und mehr Kilometern wird berichtet und von Reisezeiten bis zu einem Jahr. Die meisten dieser Anekdoten gehören ins Märchenland, doch ein harter Kern überprüfter Berichte bleibt, an dem sich die Wissenschaftler sicher noch lange die Zähne ausbeißen werden.

Katzen stellen sich auf Stimmungen ein. Katzen reagieren außerordentlich empfindlich auf Stimmungen der Menschen, mit denen sie eng zusammenleben. Eine ähnliche Sensibilität kennt man auch von Hunden. Offenbar umgibt uns eine Aura positiver und negativer Ströme, die von Tieren wahrgenommen wird. Je nach Gemüts- und Gesundheitszustand verändert sich diese Aura und ruft entsprechende Reaktionen hervor. Anders kann man kaum

Sanft gekrault, fallen Mikesch die Augen fast von allein zu.

Sind Sie ein Katzenmensch?

		Ja	Nein
❶	Können Sie mit Kratzspuren am Sessel leben?	○	○
❷	Sind Sie nachsichtig, wenn Ihre Katze Sie ganz früh-morgens weckt?	○	○
❸	Sind Sie der Kuscheltyp, der mitsamt Katze auf dem Sofa faulenzen kann?	○	○
❹	Macht es Ihnen nichts aus, wenn die Katze auf dem Tisch herumspaziert?	○	○
❺	Sind Sie dankbar für eine kuschelige Bettgenossin der anderen Art?	○	○
❻	Können Sie eine tote Maus als nettes Geschenk akzep-tieren?	○	○
❼	Geht es in Ordnung, wenn Ihre Katze Sie zärtlich ableckt?	○	○
❽	Schätzen Sie sich glücklich, dass Sie endlich jemand zur Einhaltung fester Termine erzieht?	○	○

6- bis 8-mal Ja: Sie sind der wahre Katzenmensch! Katzen finden bei Ihnen das Paradies. 4- bis 5-mal Ja: Mit Katzen kommen Sie gut klar. Nur manchmal starten Sie noch Erziehungsversuche. 0- bis 3-mal Ja: Eine Katze passt nicht in Ihr Leben. Wie wär's mit einem Hund?

erklären, warum sich eine Katze zu einem kranken Kind ins Bett legt und ihm Trost spendet oder sich sonst eher zurückhalten-de und eigenwillige Tiere plötzlich uner-wartet zärtlich zeigen, wenn ihr Lieblings-mensch Kummer hat.

Katzen in der Literatur

Katzen haben uns schon immer zu literari-schen Höhenflügen angeregt. Das erste Katzenmärchen erschien 1697 in französi-scher Sprache. Die Brüder Grimm nahmen es später als „Der gestiefelte Kater" in ihre Märchensammlung auf.

Im 19. Jahrhundert ließ E. T. A. Hoffmann einen gewissen Kater Murr erstmals über sich selbst schreiben. Eine Stilart, die auch heute noch aktuell ist und von so berühmt-berüchtigten Romangestalten wie Francis, dem eigenwilligen Helden in Akif Pirinçcis Katzenkrimi „Felidae", fortgeschrieben wird. Spätestens seit Francis ist es vorbei mit dem Respekt vor den zweibeinigen Partnern. Er degradiert sie einfach zu „Do-senöffnern". Auch Mrs. Murphy, die krimi-nalistisch angehauchte Tigerkatze von Rita Mae Brown, bringt der menschlichen Sippe recht wenig Hochachtung entgegen. Ihrer Hundefreundin Tee Tucker erklärt sie deren geistigen Notstand: „Menschen lernen nur durch Wiederholung."

zengedichte von dem Komponisten Andrew Lloyd Webber kongenial als Musicalvorlage adaptiert wurden. Mit überwältigendem Erfolg: Seit 1981 läuft „Cats" ohne Unterbrechung allabendlich im New London Theatre in der britischen Hauptstadt vor ausverkauftem Haus. Das Theater selbst hat sicher schon bessere Zeiten gesehen, aber wenn das Licht ausgeht und die Katzen durch die Publikumsreihen schleichen, sind alle verzaubert.

Als Musen prominenter Zeitgenossen haben Katzen zu allen Zeiten den Geist beflügelt. Ob Ernest Hemingway, Doris Lessing, Erich Kästner oder Elke Heidenreich – ihren Samtpfoten verdanken sie alle Inspiration und Zuspruch beim Schreiben.

Selbst so aktuelle Welterfolge wie „Harry Potter" kommen nicht ohne kätzische Unterstützung aus: Die hört auf den Namen Mrs. Norris und ist die Katze des Hausmeisters einer Zauberschule.

Dass Katzen sich auch gegen Nonsens nicht sträuben, hat uns Helge Schneider mit seinem Hit „Katzeklo, Katzeklo macht die Katze froh" beweisen können. Die Antwort auf die Frage, warum das Katzeklo – und nicht das Katzenklo – die Katze so froh macht, bleibt Schneider uns leider schuldig. Den Katzen wird's egal sein, denn Toleranz und Verständnis waren schon immer ihre Stärken.

„Dachhase" im Revier: Katzen wollen immer hoch hinaus.

Einen besonderen Narren haben die Comic-Zeichner an den Katzen gefressen. „Aristocats", „Tom und Jerry" und „Fritz the Cat" haben längst ihre festen Plätze im Comic-Olymp. Die Autoren verleihen ihren Protagonisten die abenteuerlichsten Charaktere – getreu dem Motto: „jede Katze ist eine Persönlichkeit" – und lassen sie in die unterschiedlichsten Rollen schlüpfen.

Frauen und Katzen: Charme und Rätsel des ewig Weiblichen.

Seit 20 Jahren begeistert das Musical „Cats" sein Publikum. „Cats" hat mit T. S. Eliot immerhin einen Nobelpreisträger für Literatur zum geistigen Vater, dessen Kat-

Das Katzen-horoskop

Die Tierastrologen glauben, dass Katzen wie die Menschen je nach Sternzeichen bestimmte Charaktereigenschaften besitzen. Kennen Sie den Geburtstag Ihrer Katze? Dann testen Sie doch einmal, ob einige ihrer Stärken und Schwächen mit denen ihres Sternzeichens übereinstimmen.

🐆 Widder-Katze

21. März – 20. April. Die Lust auf Abenteuer prägt alle Widder-Katzen und die Herren Kater stürzen sich in heroische Kämpfe. Und doch sind sie ihren Menschen treu bis auf die Knochen. Schwächen: oft ungeduldig und fordernd. Langweilig wird es mit den Widdern jedenfalls nie.

🐂 Stier-Katze

21. April – 20. Mai. Den Tag verdösen, mit Hingabe faulenzen und sich von Zeit zu Zeit ein paar Streicheleinheiten abholen: Das ist das Leben! Zumindest im Köpfchen der Stier-Katze. Schwächen: Wer träge ist, hat oft Probleme mit der schlanken Linie. Aber darauf kann ja Herrchen achten.

👭 Zwillinge-Katze

21. Mai – 21. Junii. Wenn's irgendwo im Haus fürchterlich rumort oder scheppert, dann ist eine Zwillinge-Katze nicht weit. Immer in Aktion, bei jedem Unfug dabei und total verspielt. Ihre Schwächen: kann ziemlich anstrengend sein und auf die Nerven gehen. Entspannt sich beim Spielen.

♎ Waage-Katze

24. September – 23. Oktober. Sie ist schmusesüchtig und weicht ihrem Besitzer kaum von der Seite. Und wer soll schon solch einer liebenswürdigen Katze widerstehen können? Schwächen: Die Waage-Katze möchte nonstop von ihrem Menschen unterhalten werden. Ganz schön anstrengend!

🦂 Skorpion-Katze

24. Oktober – 22. November. Skorpion-Katzen sind Individualisten und pflegen ihr Image stilvoll. Man gibt sich umgänglich, man akzeptiert ein kuscheliges Lager, bestes Futter und sanfte Streichhände. Aber dann geht man wieder seiner Wege. Schwächen: Manchmal fast ein wenig unnahbar.

♒ Wassermann-Katze

Januar – 19. Februar. Die Was-
ser-mann-Katze ist intelligent, sehr
schmust und neugierig ohne
...de. Wenn sie Auslauf hat, kann
...ihr Forscherdrang schon ein-
...l in Nöte bringen. Ihre Schwä-
...en: launisch und eigensinnig.
...sie nicht gut drauf, am besten
...Ruhe lassen.

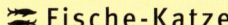 Fische-Katze

20. Februar – 20. März. Starke
Gefühle, Leidenschaft und Liebe
bestimmen das Leben der Fische-
Katze. Ihren Besitzer betet sie an,
will ihn aber auch ständig in ihrer
Nähe. Die Schwächen sind kaum
der Rede wert: ein wenig unleid-
lich, wenn sie nicht ihren Willen
bekommt, aber nie nachtragend.

⋙ Krebs-Katze

Juni – 23. Juli. Alles bitte ganz
...ft und zart. Krebs-Katzen sind
... größten Schmusebären im Kat-
land. Sie brauchen viel Liebe
...d geben viel Liebe zurück. Vor-
...ht: Wenn sie nur den Hang von
...nachlässigung spüren, reagie-
...sie tödlich beleidigt – bis zum
...hsten Schmusestündchen.

♌ Löwe-Katze

23. Juli – 23. August. Eine Löwe-
Katze hat ein großes Herz. Sie ist
gut Freund mit jedem, muss aber
unbedingt im Mittelpunkt stehen.
Das Wasser kann ihr sowieso kei-
ner reichen. Ansonsten gibt man
sich friedlich. Schwäche: Stur wie
ein Panzer, wenn die Welt sich
nicht so dreht, wie sie es will.

♍ Jungfrau-Katze

24. August – 23. September. Nach
außen hin leicht unterkühlt und
etwas prüde. Der Schein trügt. Für
Liebe ist die Jungfrau-Katze sehr
empfänglich. Für wilde Spiele
ebenso. Trotz Reserviertheit und
Vorsicht neugierig auf alles und
jeden. Schwäche? Ein bisschen zu
viel Distanz vielleicht, sonst keine.

♐ Schütze-Katze

23. November – 21 Dezember.
Wenn wir doch nur alle Schützen
wären! Freundlich, friedlich, leicht
zufrieden zu stellen, pflegeleicht
und allzeit schmusebereit. Nur
beim Futter legt man Wert auf Pre-
mium-Qualität. Schwächen: vielleicht ein bisschen zu perfekt, zu
ausgeglichen, zu unauffällig.

♑ Steinbock-Katze

22. Dezember – 20. Januar. Wenn
alle andere Spielernaturen sind,
muss eine die Würde wahren. Und
weil dazu auch Treue und Verläss-
lichkeit kommen, ist die Stein-
bock-Katze die wunderbarste Partnerin der Welt. Schwächen: ein
bisschen widerborstig, wenn ihr
etwas gegen den Strich geht.

iiaaou
iaaaou
iaaaou
iaaou

Die Katze –
Balsam für die Seele

Sie bricht die Schneckenhäuser auf, in denen wir uns nicht selten verstecken. Sie lässt keinen Platz für dunkle Gedanken und Schwermütigkeit. Sie fordert zum Mitmachen und Lachen auf. Die Katze sagt Ja zum Leben und macht Mut, es ihr gleichzutun.

Warum Katzen uns gut tun

Was hat die Katze, was andere Haustiere nicht haben? In der Beliebtheit hat sie die Konkurrenz weit hinter sich gelassen, den Hund, die Stubenvögel und all die kleinen Kuschelheimtiere wie Zwergkaninchen, Meerschweinchen & Co. Als geduldiger Zuhörer und Kumpel für alle Lebenslagen empfiehlt sich auch der Hund. Er folgt uns auf allen Wegen und er geht für seinen Herrn ohne zu zögern durchs Feuer. Die Katze gibt sich eigenständiger, nicht selten auch distanzierter. Die vollkommene Loyalität des Hundes ist ihr fremd. Von totaler Begeisterung, ihren Besitzer nach einem langen Tag endlich wieder zu sehen, kann oft nicht die Rede sein. Und wenn einer Katze nicht nach Schmusen ist, dann lassen sie alle Verlockungen kalt. Das alles aber wird hinfällig, wenn sie uns sanft mit der Pfote anstupst oder ihren Körper an uns drückt, weil sie die Verwirrung, Vereinsamung oder Verzweiflung ihres Menschen spürt oder still und verstehend neben uns sitzt und einfach nur teilhat an den Sorgen und Ängsten, die uns bedrücken. Verblüfft registrieren selbst Menschen, die mit der Wesensart einer Katze nicht vertraut sind, was die Katze ihnen vermittelt. Warum

Mikesch kommt heim

Eines Abends stand eine kleine Katze miauend vor meiner Terrassentür. Ich öffnete, sie huschte ins Wohnzimmer, lief geradewegs zum Kamin und machte es sich auf der Ofenbank bequem. Fortan lebte Mikesch bei mir. Er hatte mich zu seinem Menschen gemacht. So einfach ist das für Katzen.

Voll im Trend: Unter den Singles entdecken immer mehr Männer ihr Herz für Katzen.

aber nehmen wir Nähe und Sympathie gerade bei der Katze so intensiv wahr? Vielleicht weil sie uns aus freien Stücken zur Seite steht. Vielleicht weil wir wissen, dass sie für ihre Anteilnahme keine Gegenleistung erwartet. Genau wie sie selbst erwiesene Dienste und Wohltaten als völlig normal betrachtet und nicht im Traum daran denkt, uns zum Dank die Hände zu lecken. Vielleicht aber auch, weil die Katze über eine Vielzahl von Zärtlichkeitsgesten verfügt, die uns mitten ins Herz treffen. Und vielleicht sind es alle diese Gründe oder ganz andere, die Katzen zu magischen Wesen für uns machen.

Katzen spenden Trost

Wenn der Mensch von einem schweren Schicksalsschlag getroffen wird, in Depression oder Lethargie verfällt, sich aufgeben will, von starkem Schmerz und Trauer überwältigt wird, weicht die Katze ihm nicht mehr von der Seite. Katzen reagieren instinktiv, wenn unser Lebenswille gebrochen ist und wir keine Zukunft mehr sehen. Mit Engelsgeduld und ohne zu ermüden

nehmen sie dann Kontakt auf – mit kleinen Berührungen, mit dem ganzen Körper, mit einfühlenden Lauten. Und irgendwann bricht der Panzer auf, streichelt der Partner über ihr Fell, spricht sie an ... und nimmt seine Umwelt wieder wahr.

Katzen vermitteln Aktiviät

Sie schätzen Siesta und Schmusestunden, und doch spornen Katzen auch zum Mitmachen und zur Aktivität an. Sie stellen

Lauf, kleiner Tiger! Mit dem Lieblingsmenschen an der Seite ist alles ein Kinderspiel.

unmissverständliche Forderungen, sie brauchen ihr Futter, die versprochene Spielstunde, ihre Streicheleinheiten oder einfach jemanden, der die Tür zum Hof öffnet. Und alles jetzt und gleich. „Nun steh' doch endlich auf!", sagt die Katze. Und wenn man ihr erklärt: „Mein Bein schmerzt, ich kann nicht", dann antwortet sie: „Versuch's doch wenigstens!"

Katzen vertreiben die Einsamkeit

Es gibt Menschen, mit denen ist man zu zweit allein und fühlt sich einsam. Eine Katze vermittelt Leben und Sinnlichkeit. Für Einsamkeit ist da kein Platz mehr.

Katzen stärken die Gesundheit

Die Nähe von Katzen entspannt. Das spürt man, aber das lässt sich auch exakt nachweisen. Die Mediziner wissen es längst: Menschen mit Katzen leben gesünder. Wer eine Katze streichelt oder auf den Arm nimmt, tut Gutes für seine Gesundheit: Der Herzschlag verlangsamt sich, der Blutdruck wird niedriger, der Atem geht gleichmäßiger. In den USA setzt man Katzen schon lange als „Co-Therapeuten" gezielt in Krankenhäusern und Altenheimen ein.

Tipp

Auch Toleranz hat Grenzen. Mit der zweiten Katze oder dem Haushund arrangiert sich Ihre Katze schnell und oft wird daraus Freundschaft fürs Leben. Kaninchen, Nagetiere und Vögel jedoch passen genau ins „Feindbild" und lösen schnell ihren Jagdtrieb aus. Daher immer getrennt halten.

Katzen machen Mut

Speziell für alleinstehende ältere Menschen beginnt mit der Gegenwart einer Katze ein neues Leben. Plötzlich bekommt ihr Alltag wieder Sinn, müssen sie Verantwortung für ein Lebewesen übernehmen, das Forderungen stellt und ihnen Nähe und Wärme gibt. Innerhalb kurzer Zeit bricht die Katze das Eis und „vermittelt" den oft vereinsamten Menschen Gesprächspartner und Gleichgesinnte, zu denen sie ohne Katze nie Zugang gefunden hätten.

Die soziale Verträglichkeit

Zu Zeiten der Arbeitsteilung war alles ganz einfach: „Du kümmerst dich um die Mäuse und Ratten, ich biete dir Unterkunft, Futter

und Schutz." Obwohl die Formel fürs Zusammenleben von Mensch und Katze
wahrscheinlich nie so einfach war, denn
immer schon mischten irgendwo auch die
Gefühle mit. Und heute funktioniert die
Sache mit dem Jagdauftrag sowieso nicht
mehr. Zum einen sind „schadstoffbelaste-
te" Nager keine Kost für gesundheitsbe-
wusste Katzen, zum anderen schwärmt alle
Katzenwelt längst für leckeres Fertigfutter.
Damit keine Missverständnisse aufkom-
men: Das Mausen liegt Katzen im Blut. Sie
können gar nicht anders. Wann und wo
immer sich ein vorwitziges Mäuschen
zeigt, regt sich der Jagdtrieb selbst im faul-
sten und dicksten Sofatiger. Ernährung und
Mäusejagd sind zwei Paar Stiefel. Und den
Jagdinstinkt kann man nicht am Futternapf
abreagieren.

Allein durchs Revier pirschen, Mäuse-
löcher inspizieren, zudringliche Rivalen
vertreiben gehört zu den ererbten, wilden
Verhaltensweisen der Katze. Doch bei aller
Unabhängigkeit und Selbstständigkeit
haben Katzen im Lauf der Partnerschaft mit
dem Menschen etwas Neues an sich entdeckt: ihre ausgeprägte soziale Ader und
den Wunsch nach Nähe. Und da kleine Ge-
schenke die Freundschaft erhalten, bringt
Ihnen die Katze bereitwillig immer wieder
einmal ein frisches Mäuschen von draußen
ans Bett. Es gehört sich in Katzenkreisen,

dass man die nicht jagenden Schutzbefoh-
lenen mitversorgt. Wenn Ihre Katze dann
mit einer lebenden Beute heimkommt,
erwartet sie möglicherweise, dass Sie sich
daran etwas im Beutefangen üben. So wie
jede Mutterkatze es ihren Kindern bei-
bringt. Akzeptieren Sie die Morgengabe,
heimlich entsorgen kann man die Maus
später, wenn die Katze abgelenkt ist.
Katzen sind gleichsam ein Gesamtkunst-
werk. Wenn man versucht, einzelne Teile zu
beschreiben, erfasst man das Ganze nicht.
Natürlich fasziniert uns ihre Eigenständigkeit, die zeitweise Widerborstigkeit, dann
wieder die unglaubliche Zärtlichkeit, ihre
Anmut, ihr Verständnis und die Fähigkeit,
Anteil zu nehmen, ihre Geschicklichkeit,
ihre Sauberkeit. Es ist all das und noch viel

**Zeit für Zärtlich-
keit: Zwei, die sich
ihre Zuneigung
immer wieder zei-
gen wollen.**

mehr, es ist das Widersprüchliche und Gegensätzliche, Vertrautes und Fremdes, Verständliches und Unverständliches, was die Beziehung zur Katze einzigartig und unauflöslich macht.

Partner fürs Leben

Partner und Kumpel sind Katzen für jeden, der sie akzeptiert und ihnen sein Herz öffnet. Für Singles und vor allem für Senioren können sie viel mehr sein: Seelentröster, Lebensberater, auch Therapeuten und nicht zuletzt verlässliche Begleiter in den langen und einsamen Stunden des Alters, wenn außer den Zwiegesprächen mit dem verstorbenen Lebensgefährten wenig bleibt, um das Grau des Alltags zu vertreiben. Katzen bringen Farbe in unser Leben, animieren zu Aktion und Reaktion heraus und nehmen uns durch ihre fordernde Präsenz schnell gefangen. Die Spielstunde mit der Katze ist der ideale Weg, um nach einem stressigen Tag im Job total zu entspannen und den Kopf frei zu machen.

Katzen erfassen instinktiv unseren Gemütszustand. Und irren dabei nie. Fast scheint es, dass den Menschen eine Aura positiver und negativer Strahlen umgibt und Katzen ein Sinnesorgan besitzen, um dieses Strahlenfeld der Seele wahrzunehmen. Fühlt sich ihr Mensch nicht wohl, ist er erschöpft oder gar krank, reagiert eine Katze sofort. Nicht selten springt sie dabei auch „über ihren Schatten". So verblüfft eine bisher auf Distanz und möglichst wenige Berührungen bedachte Katze plötzlich mit ihrer Wandlung zum Schmusetiger. Sie weicht ihrem kränkelnden Menschen nicht mehr von der Seite, gibt Köpfchen, spendet durch Pfotenauflegen Trost, „spricht" mit ihm und versichert ihm so schnurrend ihre Liebe.

Das Schnurren spielt in der Welt der Katzen eine ganz besondere Rolle. Unsere Hauskatzen können den eigentümlichen Laut ohne Pause über einen langen Zeitraum hinweg produzieren, weil sie anders als ihre großen wilden Verwandten um Löwe, Tiger & Co. – sowohl beim Ein- wie beim Ausatmen schnurren. Schnurren ist gleichsam ein Langzeit-Informationssignal. Seine ursprüngliche Bedeutung hat es bei der Katzenmutter und ihren Kindern: Schnurrend teilen sich beide mit, dass alles im grünen Bereich ist. Da Katzen mit geschlossenem Mund schnurren, müssen die Kätzchen dafür nicht einmal das Trinkgelage an Mamas Milchbar unterbrechen. Eigentlich sollten die Mediziner schnurrende Katzen bei Bedarf auf Rezept verordnen. Schnurren hat auf uns eine therapeutische, weil unschlagbar entspannendbesänftigende Wirkung. Möglicherweise

Die Maxime der Katze ist einfach: Die Welt dreht sich um mich.

spielen dabei auch die Vibrationen im Kehlkopf der schnurrenden Katze eine Rolle. Die sind bei manchem Schnurr-Profi so stark, dass wir sie spüren, wenn die Katze auf unserem Schoß liegt. Was nur wenige wissen: Katzen schnurren nicht nur, wenn sie sich wohl fühlen. Viele der Katzen auf dem Behandlungstisch einer Tierarztpraxis schnurren laut und deutlich. Nun sollte man doch eigentlich davon ausgehen, dass das Behandlungszimmer eines Tierarztes nicht gerade zu den Lieblingsplätzen der Katzen zählt und von Entspannung keine Rede sein kann. In solchen Ausnahmesituationen signalisiert das Schnurren dem Gegenüber wahrscheinlich die freundliche Gesinnung der Katze: „Ich bin friedlich und werde nicht fauchen und auch nicht beißen."

Ähnlich verhalten sich Katzen, die überlegenen Artgenossen mitteilen, dass sie ganz klein und harmlos sind. Was nicht selten Handgreiflichkeiten verhindert. Vielleicht könnte es auch im zwischenmenschlichen Bereich friedlicher zugehen, wenn unsere Sprache einen ähnlichen Besänftigungslaut wie in der Katzensprache kennen würde.

Freundliche Begrüßung auf Katzenart: „Endlich bist du wieder da!"

Zuverlässigkeit und Zuspruch

Eine Katze fordert von uns Zuverlässigkeit und Disziplin: Jeden Morgen um die gleiche Zeit das gewohnte Futter und ebenso die penible Reinigung der Toilette gehören zu den Standards des Katzenmenschen. Terminüberschreitungen und Nachlässigkeiten haben Missfallenskundgebung und Protest zur Folge. Auch hier zeigt sich die Katze als Kommunikationskünstlerin: Bei kleinen Sünden ermahnt man seinen Katzenmenschen sanft, wenn auch nachdrücklich. Gelobt der allerdings keine Besserung oder mangelt es ihm an Einsicht, kann man auch anders: fordernd und aggressiv und mit unzähligen Varianten von Verweigerung und Bestrafung.

Zum Glück für den Menschen ist die Katze aber auch ein selbstständiges Wesen, das nicht dreimal täglich Gassi gehen oder mehrere Lektionen zur Stubenreinheit verinnerlichen muss. Kaum steht das Kätzchen mehr oder minder sicher auf den eigenen Beinchen, marschiert es auch schon zielstrebig zur Toilette, um dort wie eine Große Geschäftliches zu erledigen. Manches frühreife Katzenkind zählt schon mit drei Wochen zu den Sauberkeitsfanatikern, länger als sieben bis acht Wochen dauert es aber selbst bei den weniger

Testen Sie das Temperament Ihrer Katze

		Ja	Nein
1	Laufe ich barfuss, muss ich ständig vor Attacken meines Stubentigers auf der Hut sein.	○ 2 Punkte	○ 0 Punkte
2	Ihre Tagestouren absolviert sie zwischen Fressnapf und Katzenkorb.	○ 0 Punkte	○ 3 Punkte
3	Ruhe gibt sie nur im Schlaf. Sonst steht ihr Plappermaul nie still.	○ 1 Punkt	○ 0 Punkte
4	Spielen ist ihre Leidenschaft.	○ 3 Punkte	○ 0 Punkte
5	Jeder Gast und Besucher wird stürmisch begrüßt.	○ 2 Punkte	○ 1 Punkt
6	Darf sie einmal nicht nach draußen, ist sie den ganzen Tag nicht zu genießen.	○ 3 Punkte	○ 1 Punkt
7	Wehe, ich halte den Fütterungstermin nicht ein. Dann wird sie bitterböse.	○ 1 Punkt	○ 0 Punkte
8	Sie hat zwei Lieblingsplätze: das Sofa und mein Bett.	○ 1 Punkt	○ 3 Punkte
9	Nach zwei Stunden Abwesenheit gleicht die Wohnung einem Schlachtfeld.	○ 2 Punkte	○ 0 Punkte
10	Neugier siegt. Sie muss alles untersuchen – selbst wenn es ausdrücklich verboten ist.	○ 2 Punkte	○ 0 Punkte

22–17 Punkte: Ihre Katze ist ein Energiebündel. Dabei selbstbewusst und frech. Nicht immer einfach, aber garantiert nicht langweilig.

16–12 Punkte: Fit und munter und immer aufmerksam. Glückwunsch zu dieser lebendigen und umgänglichen Partnerin.

11 und weniger Punkte: Ihre Katze hat den Bogen raus und weiß, wie man angenehm lebt. Verordnen Sie ihr etwas mehr Bewegung.

ausgeschlafenen Geschwistern nicht. Hang und Drang zur Reinlichkeit sind Katzen angeboren, die Praxisreife erlernt man am mütterlichen Vorbild.

Drinnen gibt sich die Katze unbekümmert, sorglos und vertrauensvoll. Sie hat ihren Menschen an Mutters statt angenommen, in seiner Nähe muss sie nicht auf der Hut sein, hat keine Pflichten und keine Verantwortung. Drinnen ist sie Katzenkind auf ewig. Draußen wartet der Tiger. An der Haustür wandelt sich das Schmusekätzchen zum Raubtier. Obwohl die Katze seit Jahrtausenden mit dem Menschen unter einem Dach lebt, hat sie sich das Erbe ihrer wilden Verwandten bewahrt. Auf der Pirsch durchs Streifgebiet hinterm Haus oder in Nachbars Gärten werden alle Katzensinne wach. Jetzt ist die Katze die selbstständige

und selbstsichere Einzelgängerin, wie wir sie gerne sehen. Dem Bild von der freien und ungebundenen Wilden, das uns immer ein bisschen mit Neid erfüllt, wird sie aber auch hier nicht gerecht. Katzenleben kennt kein Chaos, es folgt festen Regeln – auf der Jagd, bei der Begegnung mit Artgenossen und selbst im hitzigen Kampf mit den Rivalen um die Gunst der Damen.

Notizen vom Leben mit Katzen

Zähmung? Dressur? „Was ist das?", fragt die Katze. Der Hund will uns gefallen, dafür gibt er zur Not auch seinen letzten Knochen. Sich für den Rudelchef aufzuopfern, ist nun einmal Hundeart. Das sorgt fürs wichtige Wir-Gefühl und festigt die Rangordnung. Wenn wir von einem Hund Dressurleistungen verlangen, ist er mit Feuereifer bei der Sache und gibt sein Bestes. Eine Katze denkt nicht im Traum daran, für wen auch immer den Hampelmann zu machen. Es sei denn, wir kitzeln ihre Neugier und ihre Lust am gemeinsamen Spiel. Nur auf dieser Basis funktionieren auch Vorführungen mit Hauskatzen im Zirkus. Weil das für den Dompteur, pardon: Animateur, ein hartes Brot ist, bekommt man derartige Specials nur selten geboten. Dass Katzen genug Köpfchen und Körperbeherr-

Tipp

Apportieren. Was Hunde können, kann Ihre Katze besser. Apportieren zum Beispiel. Machen Sie den Bällchen-Test. Ball über den Boden rollen, Katze zur Suche animieren, mit „Komm!" locken. Anfangs schleppt sie ihn eher zufällig herbei, wird aber sofort mit Streicheln und Leckerbissen belohnt. Und bald apportiert sie die halbe Wohnung.

wieso. Die Katze stellt Forderungen und erwartet, dass sie erfüllt werden. Danksagungen gehören nicht zu ihrem Verhaltensinventar. Warum sollte man sich auch für Selbstverständlichkeiten bedanken? Sie leistet uns zärtlich Gesellschaft, macht uns Mut, bringt uns zum Lachen. Aber stets aus freien Stücken und nicht, weil wir sie gerade mit Leckerbissen verwöhnten. Und ist ihr nicht nach Nähe zumute, zeigt sie uns schnöde das Hinterteil: „Ach, lass mich doch in Ruhe!"

Wie man im Nu das Herz einer Katze gewinnt: mit Kinnkraulen immer.

wieso. Die Katze stellt Forderungen und erwartet, dass sie erfüllt werden. Danksagungen gehören nicht zu ihrem Verhaltensinventar. Warum sollte man sich auch für Selbstverständlichkeiten bedanken? Sie leistet uns zärtlich Gesellschaft, macht uns Mut, bringt uns zum Lachen. Aber stets aus freien Stücken und nicht, weil wir sie gerade mit Leckerbissen verwöhnten. Und ist ihr nicht nach Nähe zumute, zeigt sie uns schnöde das Hinterteil: „Ach, lass mich doch in Ruhe!"

Katzen sind sich treu geblieben, seitdem sie den Menschen zu ihrem „Haustier" gemacht haben. Ihre Spontaneität, ihr offenes Wesen und ihre Ursprünglichkeit zieht in Zeiten einer entrückten Natur immer mehr Menschen in ihren Bann. Katzen lassen sich nicht von Hektik und auch nicht von Terminen anstecken.

Im Genfer Luxushotel „Des Bergues" kann man die Probe aufs Exempel machen. In dieser Nobelherberge steht dem Gast zur Wahl, ob er einen Goldfisch oder eine Katze zur Gesellschaft auf seinem Zimmer haben möchte. Elf Hotelkatzen stehen zur „Betreuung" der Gäste zur Verfügung und sind immer ausgebucht – wie man aus zuverlässigen Kreisen hört. Vorsichtshalber verzichtet das Hotelmanagement allerdings darauf, Katzen und Goldfische gemeinsam zu verleihen ...

schung mitbringen, um auch Kunststücke der Extraklasse zu zelebrieren, muss nicht erst bewiesen werden.

Manche stellen beim Apportieren jeden Retriever in den Schatten, andere beherrschen von der Bodenkür bis zur Rolle rückwärts das volle Kunstturn-Programm oder erweisen sich bei Kombinations- und Denkspielen als wahre Intelligenzbestien. Aber immer nur, wenn ihnen danach ist und ihr Partner es versteht, ihre Kooperationsbereitschaft zu wecken.

Der Hund gehört zum Familienrudel, falls möglich, nicht unbedingt auf dem Spitzenplatz. Eine Katze hat Freunde und Personal. Von Freunden erwartet man Zuwendung und Zuneigung, dann und wann auch kleine Hilfestellungen. Vom Personal so-

Wie Katzen mit uns sprechen

Katzen sprechen eine deutliche Sprache. Mit Körper- und Lautsprache teilen sie uns ihre Bedürfnisse und Stimmungen mit. Die wichtigsten Sätze der Katzensprache sollte jeder Katzenbesitzer kennen. Das macht anregende Zwiegespräche möglich und hilft Missverständnisse zu vermeiden.

Bitte
streiiicheln!

Körper & Augen

Bauch präsentieren, Beine anheben, sehnsüchtigen Blick auf de Partner richten: Die Katze weiß, wie sie ihre Bedürfnisse anmeld Und wer kann sich einem „Komm streichle mich!" schon entziehe Aber Katzen können auch so sei rätselhaft, abwartend, unterküh und mit distanziertem Blick.

Mit Köpfchen & Nase

Köpfchengeben und Flankenreiben signalisieren Zuneigung und Vertrauen. Dass man damit aber auch den dezenten Hinweis auf die anstehende Mahlzeit verknüpfen darf, versteht sich wohl von selbst. Begrüßung nach Katzenart: Nase an Nase „Hallo" sagen und testen, ob man sich riechen kann.

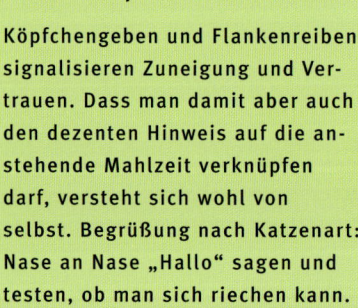

Das passt mir nicht!

...endetwas ist uns heute gegen ...n Strich gegangen. Katzen ...chen keinen Hehl daraus, wenn ...en etwas nicht passt. Ganz so ...d ist es zum Glück noch nicht: ...tz böser Mimik und aufgerisse... ...m Mund halten sich Anspan... ...ng, Abwehr und Angriffsbereit... ...haft die Waage.

Wilde Kinderspiele

Für junge Katzen ist alles eins: Spielen, Kämpfen, Schmusen und Liebkosen. Zur Beute wird erklärt, was immer in Pfotennähe kommt und sich zum Bisstest eignet. Und in Rückenlage hat man außerdem die besten Chancen, sich mit allen vieren gegen Frauchens vorwitzige Finger zu erwehren.

Kontaktaufnahme

Warum läuft der Mensch nicht auch auf allen vieren? Dann könnte man viel leichter mit ihm reden. So muss man aus der Not eine Tugend machen und ihn anstupsen, wenn er zuhören soll. Wohlfühlaktion: Eine Katze, die sich entspannt auf dem Boden räkelt, fühlt sich sicher und geborgen.

Total
entspannt

Hau ab!

Angst & Anspannung

Grimmiges Gesicht, abwehrbereite Pfote. Doch die Zeichen stehen nicht auf Angriff, die Körperhaltung signalisiert Abwehr und Angst. Am liebsten würde man sich verdrücken. Anspannung total: Voll aufs Objekt ihrer Begierde fixiert, maunzt die Katze mit leicht geöffnetem Mund.

Mẍ̈ä a o

Mẍ̈ä äa o u

Mẍ̈ä a o

Mẍ̈ä a o u

Geliebte
Stubentiger

Was macht den guten Katzenmenschen aus?
Muss er sanft sein wie seine Katze? Und ein-
fühlsam und zärtlich? Oder entzündet sich
das Feuer der Leidenschaft am eigenwilligen
Charakter des Menschen, der seinem Stubentiger gleichsam den Spiegel vorhält?

Katzen und das ewig Weibliche

Katzen wurden und werden als Inkarnation des Weiblichen angesehen. Das ist keine Frage des Geschlechts, selbst Kater mit ausgeprägten Macho-Manieren können sich dieser Zuschreibung nicht entziehen. Was aber macht die Seelenverwandtschaft zwischen Frauen und Katzen aus, wie sie über alle Kulturkreise und Sprachgrenzen hinweg Eingang in unsere Vorstellungswelt gefunden hat?

Katzen galten als impulsiv, unberechenbar und rätselhaft. Sie bewegen sich leichtfüßig und schlangengleich, für manchen Betrachter sicherlich auch aufreizend und lasziv. Sie können kokett sein und launisch, sie erlauben in der einen Minute Nähe und Zärtlichkeit, um sich in der nächsten jedwede Zudringlichkeit nachdrücklich zu verbitten. Sie schlagen Wunden und sie lecken sie. Das ist unleugbar die Sicht des Mannes von der Frau. In ihr vermischen sich Wunschdenken, Ängste und Wirklichkeit und sie verrät letztlich mehr über den Beobachter und Voyeur als über das Objekt seines Interesses.

Viele der Begriffe, mit denen wir auch heute noch das ewig Weibliche zu umschreiben versuchen, stammen aus Epochen, in

Pussys neue Familie

Wir fanden das jammernde Fellbündel neben der Mülltonne – ausgesetzt! Berthold hatte mit Katzen nie etwas im Sinn gehabt. Doch Pussy eroberte sein Herz im Sturm. Sie schmiegte sich zärtlich an ihn und nahm von ihm Besitz. Sie hatte sich entschieden: „Ihr seid ab heute meine Familie!"

denen Frauen sich verstecken mussten, Gefühle nicht existierten, Verlangen heimlich blieb.

Die Katzen kannten keine Konventionen, sie kokettierten ohne jede falsche Scham, wählten selbstbewusst ihre Freier und machten gar nicht leise und gar nicht versteckt Liebe. Sie lebten die Träume der Menschen von Zuneigung, Zärtlichkeit, Liebe und Wollust. Dass sie darum zu allen Zeiten beneidet, beschimpft, verfolgt und getötet wurden, steht auf einem ganz anderen Blatt.

Das Bild der Frau hat sich geändert wie auch das Rollenverständnis von Mann und Frau. Die alten Begriffe haben überlebt, aber ihren Sinn zum Teil verloren.

Noch immer verkörpert die Katze das Weibliche, aber das steht heute zunehmend für soziale Werte, für Mitmenschlichkeit, für Verstehen und Verständnis, Mitgefühl und Anteilnahme. Katzen sind offen und direkt, sie konfrontieren uns unvermittelt mit ihren Stimmungen und Gefühlen. Dass Gefühle zu zeigen kein Eingeständinis von Schwäche ist, haben längt auch die Männer entdeckt. Und so nimmt es nicht wunder, dass immer mehr sich ohne Scheu als überzeugte Katzenliebhaber zu erkennen geben, weil ihnen diese Ansichten wichtig sind und die Katze sie wie kein anderes Heimtier symbolisiert.

Katzen und Singles

Immer mehr Menschen leben in unserer Gesellschaft als Singles. Nur wenige aus Überzeugung: Bei den meisten steht der Wunsch nach Zuwendung und Zuspruch an erster Stelle. Die Katze kann dem Leben eines Single eine neue Mitte geben, in einer Partnerschaft, die von gegenseitigem Respekt, von Zuverlässigkeit und Ordnung geprägt ist. Weit stärker als für Katzen, die in einem Mehr-Personen-Haushalt leben, dreht sich für die Single-Katze alles um ihren Menschen: Sie richtet ihren Tag bereitwillig an seinem aus und hat nur Augen und Ohren für ihn. Der Mensch erwidert diese Zuwendung: In einer Single-

Nur Mut, kleiner Tiger! Kätzchen brauchen Nähe, um sich gesund zu entwickeln.

Beziehung kommt die Katze immer an erster Stelle. Der Tag der Single-Katze hat feste Termine: die regelmäßige Inspektionstour durch Haus und Garten, die ungestörte Bettruhe am ruhigen Vormittag, das Solo-Spielchen mit Angel oder Ball. Ganz wichtig sind die gemeinsamen Aktionen, wenn der Partner wieder zurück ist: eine Runde schmusen, eine Runde spielen, eine Runde fernsehen, einmal rund ums Haus marschieren und nach dem Betthupferl Gute Nacht sagen.

Die Katze passt sich gern an, aber sie erwartet dann auch, dass der gemeinsame Stundenplan penibel eingehalten wird. Katze und Single erleiden Schiffbruch, wenn der Mensch seinen Alltag nicht im Griff hat, zu ständig wechselnden Zeiten nach Hause kommt, Schmuse- und Spielstunden ausfallen lässt und die Fütterung an Freunde oder Bekannte delegiert. Da Single-Katzen sich nicht einfach für einen anderen Menschen entscheiden können, stellt ein chaotischer Besitzer fürs Seelenheil seiner Katze eine Katastrophe dar. Die meisten Singles jedoch schwärmen von ihrem Stubentiger, der natürlich der beste und klügste von allen ist. Wer so gelobt wird, dem fehlt es garantiert an nichts. Singles, die länger als sechs Stunden täglich außer Haus sind, sollten ihrer Katze Gesellschaft gönnen. Eine zweite Katze vertreibt die Langeweile und schützt auch die Einrichtung vor mutwilliger Zerstörung.

➤ Singles brauchen einen Partner für Zuspruch und Zuwendung: Katzen spenden Ruhe und Gelassenheit. In ihrer Gegenwart lösen sich Ängste und Anspannung.

➤ Singles brauchen ein Zuhause: Eine Wohnung, in der eine Katze wartet, ist hell und freundlich. Katzen vermitteln ein Heimatgefühl.

➤ Singles brauchen einen Ausgleich zum Job: Beim Spielen, wildem Toben und Schmusen mit der Katze verflüchtigt sich der Tagesstress.

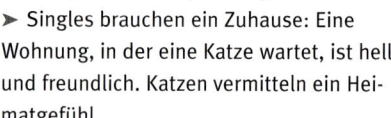

1

Das sollten Singles mit Katze wissen

Solo-Zeiten. Lassen Sie Ihre Katze nicht länger als maximal sechs Stunden täglich allein. Oder gönnen Sie ihr die Gesellschaft einer zweiten Katze.

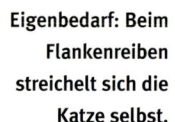

Eigenbedarf: Beim Flankenreiben streichelt sich die Katze selbst.

1 Hautnah genießen: „Hat jemand Einwände gegen sanfte Berührungen?"

2 Die mit den Pfoten spricht: „Ich finde dich hinreißend!"

3 Schwänzchen in die Höh': „Ja, wir Katzen brauchen das volle Verwöhnaroma!"

4 Schöne Streichelwelt: „Von mir aus darf die Zeit jetzt gern stillstehen."

Regelmäßigkeit. Als Single mit Katze haben Sie eine große Verantwortung. Ihre Katze ist ausschließlich von Ihnen abhängig. Halten Sie möglichst alle Termine ein, die Ihre Katze betreffen.

Urlaub. Planen Sie frühzeitig, wer bei Abwesenheit aus beruflichen Gründen oder im Urlaub die Versorgung und Pflege Ihrer Katze übernimmt.

Katzengerechte Wohnung. Wenn Ihre Katze täglich mehrere Stunden alleine in der Wohnung ist, muss sie sich dort wohl fühlen und beschäftigen können. Sorgen Sie auch dafür, dass alle Gefahrenquellen beseitigt sind.

Tipp

Doppelstart ins Glück. Wer mit zwei Katzen startet, erleichtert allen das Leben. Die beiden sozialisieren sich beim Spielen und Schmusen gegenseitig, Langeweile gibt es nicht und man darf auch mal eine Stunde später nach Hause kommen. Am besten verstehen sich zwei Wurfgeschwister. Auch Bruder und Schwester kastrieren lassen!

Katzen und Senioren

Früher gab es noch die Großfamilie. Es war völlig klar, dass die Großeltern ihren Lebensabend unter einem Dach mit den Kindern verbrachten und auch weiterhin ins Leben der Familie einbezogen waren. Das ist Vergangenheit. Im Zeitalter erhöhter Mobilität und aus Jobgründen leben die Familienmitglieder häufig an verschiedenen Orten.

Die Älteren sind auf sich allein gestellt oder müssen sich einen Platz im Seniorenheim suchen. Hier wie dort fehlt es ihnen an Aufgaben und – vor allem, wenn ein Partner gestorben ist – auch an Ansprache und Zuwendung. Die Katze ist die perfekte Partnerin für Senioren: Sie ist immer da, wenn sie gebraucht wird, sie ist selbstständig und verlangt dem älteren Menschen keine Leistungen ab, die er nicht bewältigen kann. Sie schenkt Nähe und Wärme, sie akzeptiert ganz selbstverständlich auch die kleinen Schrulligkeiten, die älteren Menschen häufig zur lieben Gewohnheit werden.

➤ Senioren sind nicht mehr sehr mobil: Eine Katze sorgt aus eigenem Antrieb für

Katze im Korb:
Höhlen ziehen
Katzen
magisch an.

Bewegung und macht begeistert auch bei kleinen gemeinsamen Spielen mit, die vom Partner nur wenig Körpereinsatz erfordern.

➤ Senioren haben eine enge Bindung an ihre vertraute Umgebung: Katzen sind ortstreue Tiere und schätzen diese Bodenständigkeit besonders.

Welche Rassekatze passt zu mir?

Ob mit oder ohne Stammbaum – alle Katzen können liebevoll und unwiderstehlich sein. Wer jedoch bestimmte Eigenschaften von seiner Partnerin erwartet, tut sich mit einer Rassekatze leichter.

Für Singles und Individualisten mit dem besonderen Geschmack
Sie sind ein ausgeprägter Individualist. Sie führen ein geruhsames Leben, in Ihrem Haus geht es nicht zu wie in einem Taubenschlag. Dann brauchen Sie eine Katze, die Sie zum Mittelpunkt ihres Lebens macht.
➤ **Abessinier.** Lebhaft, neugierig, intelligent, sportlich und spielfreudig. Hasst es, allein zu sein.
➤ **Balinese.** Aufgeschlossen und verspielt. Braucht viel Zuwendung, da sehr auf ihre Bezugsperson fixiert.
➤ **Bengal.** Wunderschönes „Leopardenfell". Sanft, lebhaft und selbstbewusst.
➤ **Orientalisch Kurzhaar.** Anspruchsvoll und kapriziös, aber mit umwerfendem Charme und viel Humor.
➤ **Siam.** Hellwach, zärtlich und sehr anhänglich, aber auch extrem anspruchsvoll und manchmal nervend.
➤ **Somali.** Intelligent und sportlich. Braucht viel Beschäftigung und viel Bewegung.

Für Familien, in denen es auch einmal turbulent zugeht
Sie haben ein großes Haus und eine große Familie. Geruhsam geht es bei Ihnen selten zu, dafür sorgen schon die Kids. Wenn Katze, dann bitte eine, die ausgeglichen, unkompliziert und belastbar ist.
➤ **Birma.** Umgänglich und verspielt. Verträgt sich sehr gut mit allen anderen Heimtieren.
➤ **Burma.** Aufgeschlossen und an allem und jedem interessiert. Muss regelmäßig beschäftigt werden.
➤ **Europäisch Kurzhaar.** Unkompliziert, umgänglich und pflegeleicht.
➤ **Maine Coon.** Unabhängig, verspielt und leise. Sollte viel Bewegung und Auslauf haben.
➤ **Sibirische Waldkatze.** Aktiv, intelligent und unabhängig. Braucht viel Zuwendung.

Für aktive Menschen, die eine selbstständige Partnerin suchen
Sie sind ab und zu auf Achse und im Job ziemlich beansprucht. Also brauchen Sie eine Katze, die selbstständig ist und dann und wann ihrer eigenen Wege geht. Robust soll sie sein, aber auch verschmust.
➤ **Britisch Kurzhaar.** Zurückhaltend und ruhig, robust und unkompliziert.
➤ **Europäisch Kurzhaar.** Unkompliziert, umgänglich und pflegeleicht.
➤ **Norwegische Waldkatze.** Selbstständig und freiheitsliebend. Nicht für die Stadt geeignet.

Für Senioren und Katzenmenschen, die einer Katze den Himmel auf Erden bieten
Sie leben allein, die Kinder sind erwachsen und längst aus dem Haus. Ihr Alltag ist geruhsam und überschaubar. Was Ihnen fehlt, ist eine Katze, der Sie alle Zärtlichkeit der Welt schenken können.
➤ **Birma.** Umgänglich und verspielt. Verträgt sich sehr gut mit allen anderen Heimtieren.
➤ **Burma.** Aufgeschlossen und an allem und jedem interessiert. Muss regelmäßig beschäftigt werden.
➤ **Britisch Kurzhaar.** Zurückhaltend und ruhig, robust und unkompliziert.
➤ **Perser.** Ruhig, leise und liebevoll. Üppiges Langhaarkleid, das täglich gekämmt werden muss.

➤ Senioren lieben es, von altgewohnten Dingen und Erinnerungen umgeben zu sein, und verändern die Einrichtung ihrer Wohnung so gut wie nie: Katzen schätzen das sehr. Menschen, die ständig Möbel rücken, sind Katzen nämlich ein Gräuel.

➤ Senioren produzieren selten Lärm und neigen nicht zu hektischen Bewegungen: ein Harmonieempfinden, das völlig dem der Katzen entspricht.

➤ Senioren leben fast immer in einem stabilen per-sönlichen Umfeld. Umzug, Berufswechsel, neue Partner gibt es selten: Katzen fühlen sich in einer festen Beziehung ganz besonders wohl.

➤ Senioren haben Zeit. Eine Katze wird bei ihnen zum Mittelpunkt des Lebens, wird verwöhnt und über alles geliebt. Ein Paradies für jede Katze!

Tipp

Wir feiern Katzengeburtstag. Die Katze gehört zur Familie. Also wird auch ihr Geburtstag gefeiert (oder der Tag ihres Einzugs). Für den Stubentiger gibt es ein festliches Menü, eine Extra-Schmuse- und Spielstunde und als Präsent eine neue Spielmaus. Und die ganze Familie findet sich am Nachmittag zum Kaffeetrinken ein.

Das sollten ältere Katzenbesitzer wissen

Finanzen. Katzen kosten Geld: Pflege, Futter, Zubehör, Tierarzt und Catsitter. Können Sie das aufbringen, ohne sich anderweitig einschränken zu müssen?

Betreuung. Was passiert mit der Katze, wenn Sie krank werden? Falls eine Übersiedlung ins Seniorenheim ansteht: Ist die Katze dort willkommen?

Tagesprogramm. Sind Sie fit genug, um die tägliche Versorgung, aber auch den Einkauf von Futter und Zubehör für Ihre Katze sicherzustellen? Gibt es einen Menschen, der im Notfall Hilfe leistet oder die Katze zum Tierarzt bringt?

Katzen in der Familie

Eine Katze verändert die Familie. Sie kann dort, wo jeder bisher nach seinen eigenen Vorstellungen gelebt hat, zur neuen Mitte werden und dem Familienleben wieder einen Sinn geben. Bevor die Katze ins Haus kommt, muss über den Familienzuwachs einstimmig entschieden werden. Auch die Aufgaben rund um die Katze sollten jetzt schon verteilt werden. Hilfreich dabei ist ein Aufgabenkalender, der auflistet, wer wann welche Tätigkeiten übernimmt: Futter einkaufen, für regelmäßige Fütterung

➤ Ansprechpartner. Vom Kleinkind bis zum Opa suchen alle die Nähe der Katze. Zu jedem unterhält sie eine ganz individuelle, persönliche Beziehung.

➤ Gemeinsamkeit. Jedes Familienmitglied übernimmt mit der Versorgung der Katze auch ein Stückchen Verantwortung. Die gemeinsame Verpflichtung stärkt den Zusammenhalt der Familie.

Dinner for one: frisch aus der Dose und in den sauberen Napf – so muss es sein.

Das sollten Familien mit Katze wissen

Privatsphäre. Die Katze braucht ihren eigenen Bereich. Hier sollte sie möglichst ungestört bleiben. Das ist vor allem bei einem turbulenten Familienleben und in einem Haus „der offenen Tür" wichtig.

Zeitplan. Familienkatzen sind selten allein. Trotzdem muss geklärt werden, wer wann im Haus ist oder dafür sorgt, dass die Katze nach ihrem Revierspaziergang wieder in die Wohnung kann und schließlich ihr Futter pünktlich bekommt.

Katze und Kinder. Machen Sie Ihre Kinder schon früh mit den Verhaltensweisen und Ansprüchen einer Katze vertraut. Eigenverantwortlich um eine Katze kümmern können sich Kinder in etwa ab dem achten Lebensjahr. Kleinkinder bis zum dritten Lebensjahr sollten Sie nie unbeaufsichtigt mit der Katze zusammen sein lassen.

sorgen, Näpfe reinigen, die Toilette säubern, den Schlafplatz absaugen, das Fell kämmen, den Termin beim Tierarzt wahrnehmen. Katzen regen zum Miteinander an, sie glätten die Wogen, wenn es Zoff im Familienkreis gibt. Und plötzlich lacht man wieder, findet Zeit für einen gemeinsamen Spielabend oder ein bisschen Hausmusik.

➤ Friedensstifter. Eine Familienkatze bricht nicht selten das Eis, wenn man sich nach heftigem Streit anschweigt. Plötzlich kann man wieder miteinander reden.

➤ Sanfter Alltag. Wo eine Katze ist, haben Hektik, laute Worte und Aufregung keinen Platz. So erzieht die Familienkatze ihre Menschen ganz automatisch zu einem beschaulicheren Miteinander und auch zum genauen Hinhören.

Katze und Senioren. Ältere Familienmitglieder haben Anspruch auf Ruhezeiten. Stellen Sie sicher, dass die Katze – das gilt vor allem für eine junge Katze – die Senioren nicht über Gebühr belästigt.

Schmusekurs

Liebe braucht keine Beweise. Was aber kann in der Mensch-Katze-Beziehung schöner sein, als sich gegenseitig seine Zuneigung zu zeigen? Genau dafür gibt es die Schmusestunden. Selbstredend beherzigt der Mensch die individuellen Eigenarten und Wünsche seiner Katze. Darüber hinaus gelten folgende Grundregeln für den Umgang mit Stubentigern:

Zeit zum Schmusen. Es ist wie beim Füttern: Ihre Katze braucht feste Termine. Die hält sie auf die Minute genau ein, erwartet aber auch von Ihnen Pünktlichkeit. Beim Schmusen zählt dann schon die Vorfreude. Empfehlenswert ist die abendliche Session. Dann sind beide Seiten entspannt, haben keine Termine mehr und können ihr Tete-a-tete nach Absprache auch verlängern. Sie müssen schon sehr gute Gründe haben, um die Schmusestunde ausfallen zu lassen. Spätestens beim dritten unentschuldigten Fehlen reagiert Ihre Katze mit Sicherheit beleidigt und zeigt Ihnen die „kalte Schulter".

Was Kinder beachten müssen

➤ **Tabuzonen.** Am Futternapf, auf der Toilette und während der Siesta dürfen Katzen nicht gestört werden.

➤ **Spielpause.** Junge Katzen ermüden sehr schnell. Bei wilden Spielen brauchen sie nach spätestens 15 Minuten eine Auszeit.

➤ **Streichelkurs.** Zeigen Sie Kindern, wie eine Katze gestreichelt wird und was verboten ist: in Augen und Ohren fassen, am Bauch kraulen, am Schwanz ziehen, gegen den Fellstrich streicheln, stoßen, schubsen, treten, anschreien, anpusten, hektische Bewegungen.

➤ **Tragegriff.** Demonstrieren Sie Kindern, wie man eine Katze richtig hochhebt und sicher trägt.

➤ **Körperloses Spiel.** Rauf- und Kampfspiele sind ungeeignet, weil Katzen fast immer die Krallen einsetzen.

Tipp

Stolz we ein Spanier. Spielen mit der Katze ist toll. Mindestens ebenso begeistert sind Kinder aber, wenn sie ihre Katze endlich ganz allein füttern dürfen. Richtig erwachsen fühlt man sich, wenn man so viel Verantwortung hat. Natürlich haben die Eltern immer ein Auge darauf, ob auch alles klappt.

Angebot und Nachfrage. Lassen Sie Ihre Katze entscheiden, wie und wie intensiv sie schmusen will. Das hängt von ihren persönlichen Vorlieben, aber auch von ihrer aktuellen Laune und Tagesform ab. Den guten Katzenmenschen erkennt man an seiner passiv-abwartenden Haltung: Machen Sie Ihrer Katze ein Streichelangebot, und warten Sie ab, ob es angenommen wird (Handrücken vor die Wange halten, Testkraulen am Bauch, hinter den Ohren und unter dem Kinn).

Das mögen fast alle Katzen. Behutsame Fingerberührungen an der Ohrbasis, die Wangen streicheln, unter dem Hals kraulen, mit zwei Fingern ganz sanft über den Rücken fahren, mit leichtem Druck die Flanken streicheln, kurze Streichelstriche vor der Schwanzbasis, über die Stirn streichen (und bitte niemals gegen den Fellstrich streicheln!).

Das mögen nicht alle Katzen. Bauchkraulen, Pfotenmassage, Streicheln und Festhalten des Schwanzes, Nackenmassage. Probieren Sie aus, was Ihrer Katze gefällt.

Das ist tabu. Streicheln Sie Ihre Katze nicht beiläufig, während Sie sich auf andere Dinge konzentrieren (zum Beispiel auf die Lektüre eines Buches). Viele Katzen fühlen sich abgeschoben. Und Sie registrieren zu spät, wenn die Katze streichelmüde ist. Während der Schmusestunde sollten Sie nicht rauchen oder essen. Bei mehreren Katzen hat jede ein Anrecht auf eigene Schmusezeiten. Wer aber mit zwei Katzen gleichzeitig schmust, provoziert Eifersüchteleien. Schmusen Sie nicht mit einer rolligen Katze, denn das stachelt nur noch ihre Paarungsbereitschaft zusätzlich an.

Schmusestopp. Beenden Sie die Schmusestunde, wenn Ihre Katze nicht mehr auf das Streicheln reagiert, Abwehr signalisiert (Abstemmen mit den Pfoten, zur Warnung erhobene Pfote, zuckender Schwanz) oder eingeschlafen ist. Und nehmen Sie es ihr nicht übel, wenn sie mittendrin plötzlich auf den Schoß eines anderen Schmusepartners wechselt.

Spiel mit den Zauberkugeln: Seifenblasen faszinieren Katzen ohne Ende.

Schmuckes für Katzen und Katzenfreunde

Katzen machen süchtig! Das sollte jeder wissen, der einen Fuß ins Katzentraumland setzt. Denn plötzlich sieht er überall Katzen und Kätzisches. Vielleicht fahren Sie ja auch ab auf einen Diwan für die Diva, auf Katzen, die Licht spenden, oder den schwarzen Kater, der Ihre Wetterfahne bewacht.

Püppi

Schlüssel-tier

Für Leckerlis

Tolle Tasse

Lichtgestalt

Halsschmu

Dach hase

Schmuck-
dose

Diwan für
Divas

Weihnachts-
schmuck

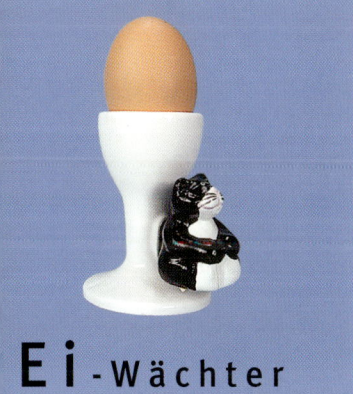

Ei -Wächter

Spieglein
an der Wand

grrr
grrrgrr
grrgrgrr
grrgrr

Was **wir**
Katzen bieten **können**

Zuneigung fragt nicht nach Soll und Haben.
Was Katzen und Menschen und Menschen
und Katzen verbindet, kann man nicht ge-
geneinander aufrechnen. Doch eines ist
sicher: Wo die Katze sich rundum wohl fühlt,
da hat die Liebe ihre Heimat.

Kleine Katzenwelten

Wo Katzen und Menschen zusammenleben, treffen sich Menschenwelt und Katzenwelt. In einer von Katzen erschaffenen Welt gibt es Ecken und Nischen, Höhlen und Verstecke, verschwiegene Ruhe- und Schlafstellen, Aussichts- und Treffpunkte, Kletter- und Spielplätze. Der Mensch würde sich in dieser Welt nur schwer zurechtfinden. Den Katzen geht es ähnlich: Eine Menschenwelt, die keinen Raum lässt für kleine Katzenwelten, macht Katzen nicht glücklich.

Grundausstattung

Die katzengerechte Wohnung ist immer ein Kompromiss zwischen den Ansprüchen der beiden Partner, sie muss aber auf jeden Fall die Grundbedürfnisse der Katze berücksichtigen.

Ruhe- und Schlafplätze. Katzen brauchen ihr eigenes Reich: Katzenkorb, der zur Wohnhöhle umfunktionierte Umzugskarton, Katzenbett, Schlafsofa. Am Ruheplatz möglichst wenig stören.

Katzentoilette. In Sachen Toilette sind Katzen heikel. Sauber und geruchsfrei muss sie sein und dort stehen, wo ihr niemand

Karlchens Kratzbaum

Karlchen ist der beste Kater von allen. Verschmust und tolerant. Selbst mit dem Foxterrier versteht er sich prächtig. Jetzt haben wir ihm einen neuen Kratzbaum gegönnt. Seitdem hat Karlchens Zuhause ein neues Zentrum. Er ist hin und weg. Auch ein Kratzbaum kann ein Zeichen der Liebe sein.

ur für Pfoten mit iff: Das ist doch glasklar –- Katzenrollis sind für Katzen da.

beim Geschäft zusieht, zum Beispiel in Bad oder Flur. Toilettenkauf: Kein zu kleines Modell wählen, die Katze braucht Platz zum Drehen und Scharren. Gute Katzenstreu ist saugfähig und bindet den Geruch.

Futter- und Wassernapf. Die Katze hat eigene Futter- und Wassernäpfe. Ideal: Keramik oder Edelstahl, weil leicht zu reinigen, standfest und kippsicher. Das Platzdeckchen (Gummi oder Plastik) verhindert, dass das Essen hin- und hergeschoben wird. Das Trinkwasser sollte täglich erneuert werden.

Kratzbaum. Am Kratzbaum schärft die Katze ihre Krallen, räkelt sich, trainiert Fitness und Koordination. Kratzbäume gibt es in jeder Größe, jeder Ausstattung und für jeden Geldbeutel. Nicht abseits platzieren, weil der Kratzbaum sonst eventuell nicht angenommen wird. Er schützt davor, dass Ihre Katze die Krallen an Möbeln, Teppichen und Polstern wetzt. Alternative: Ein Kratzbrett zur Wandbefestigung.

Spielzeug. Spielen verhindert, dass Wohnungskatzen aus Langeweile Unfug treiben oder psychisch Schaden nehmen. Geeignet ist alles, was kleinen Beutetieren ähnelt:

Spielmaus, leere Garnrolle, Papierknäuel, Tischtennis- und Schaumstoffbälle. Auf Mindestgröße achten, damit die Objekte nicht versehentlich verschluckt werden. Ungeeignet: Wollknäuel, in denen sich die Katze mit den Krallen leicht verheddert.

Transportbox. Stabile Kunststoffbox, in der die Katze auf Reisen und der Fahrt zum Tierarzt sicher untergebracht ist.

Katzengras. Katzen fressen Gras, um die Verdauung anzuregen und verschluckte Haare loszuwerden. Grasschälchen gibt es fix und fertig im Fachhandel.

Absolut tragfähig: Start zur täglichen Sightseeing-Tour im Nackensitz.

Das Einmaleins der Katzenernährung

Die richtige Ernährung der Katze ist kein Buch mit sieben Siegeln. Sicher gehen Sie mit Fertigfutter. Das müssen Sie bei der Katzenernährung beachten:

➤ Katzen essen mit Muße. Futternapf etwa 45 Minuten stehen lassen, bevor Sie die Reste entfernen.

➤ Futter handwarm und nie direkt aus dem Kühlschrank servieren.

➤ Befolgen Sie die Fütterungshinweise auf der Packung.

➤ Essen vom Tisch des Menschen ist für Katzen grundsätzlich tabu.

➤ Keine Knochen anbieten.

➤ Trinkwasser ist immer verfügbar.

➤ Schüssel nach dem Essen reinigen.

Tipp

Fellpflege ohne Probleme. Manche Katzen verkrümeln sich, wenn ihr Besitzer mit Kamm und Bürste anrückt. Stillhalten und sich am Fell zupfen lassen geht ihnen gegen den Strich. Die Probleme hat man nicht wenn die Katze von klein auf an die Prozedur gewöhnt ist. Dann ist die Fellpflege für sie eine zusätzliche Streicheleinheit.

Richtig pflegen und gesund erhalten

Regelmäßige und sorgfältige Pflege der Katze ist aktive Gesundheitsvorsorge. Das gehört zur Körper- und Fellpflege:

➤ Augen. Tägliche Kontrolle, Ausfluss mit feuchtem Tuch entfernen.

➤ Ohren. Dunkle Beläge und unangenehmer Geruch signalisieren Milben. Ohrmuscheln mit Tuch austupfen (nie Wattestäbchen!). Reinigung des Innenohrs ist Tierarztsache.

➤ Mund und Zähne. Alarm bei anhaltendem Mundgeruch und dunkelrotem Zahnfleisch.

➤ After. Unsauberkeit bei Durchfall. Fette Katzen können ihr Hinterteil nicht mehr selbst säubern.

➤ Krallen. Überlange Krallen mit Krallenzange kürzen (Technik vom Tierarzt zeigen lassen).

➤ Fell. Kurzhaar: Einmal pro Woche mit Metallkamm kämmen und tote Haare mit Gumminoppenbürste entfernen. Langhaar: Zum Teil täglich kämmen (weitzahniger Kamm) und bürsten. Verfilztes Fell mit der Hand oder einem speziellem Filzkamm lösen. Die Kontrolle auf Flohbefall ist einfach: Katze auf weiße Fläche stellen und auskämmen. Schwarze Pünktchen auf der Unterlage sind Flohkot.

wuchs. Die Kätzin sollte mit etwa sechs Monaten, der Kater mit zehn bis elf Monaten kastriert werden.

Die Pflichten des Katzenmenschen

➤ Schlafplätze regelmäßig absaugen, Bezüge bei Bedarf waschen.
➤ Toilettenstreu erneuern beziehungsweise austauschen, Toilette mit heißem Wasser reinigen.
➤ Der Katze am Fenster Aussichtsplätze anbieten.
➤ Futter- und Einstreu-Einkauf, bei Bedarf Zubehör und Spielzeug.
➤ Tierarzttermine. Wichtig: Impfungen.
➤ Tägliche Spiel- und Schmusestunde.
➤ Regelmäßige, pünktliche Fütterung.
➤ Tägliche Gesundheitskontrolle.
➤ Fell- und Körperpflege (bei Langhaarkatzen täglich).
➤ Mögliche Gefahrenquellen in der Wohnung beseitigen (→ Seite 50).
➤ Balkon mit Katzennetz sichern.

Spielen streichelt die Seele

Für die Spielstunde mit ihrem Menschen lässt eine Katze sogar das Lieblingsmenü stehen. Das gemeinsame Spiel festigt

Die wichtigsten Termine beim Tierarzt

➤ Impfungen. Nach den Grundimpfungen der Jungkatze zwischen 9. und 12. Lebenswoche (FIP 16. bis 19. Woche) muss der Impfschutz durch jährliche Wiederholungsimpfungen aufgefrischt werden. Geimpft sein sollten Katzen gegen Tollwut, FIP, Leukose, Katzenseuche und Katzenschnupfen. Entwurmung jeweils vor dem Impftermin.
➤ Entwurmen. Kätzchen in der 2. Woche und wöchentlich bis zur 12. Lebenswoche. Vorbeugend bei Katzen mit Freilauf 3- bis 4-mal jährlich, bei Wohnungskatzen einmal jährlich beziehungsweise nach Bedarf.
➤ Kastration. Die Kastration unterbindet den Geschlechtstrieb und verhindert Nach-

Vertrauen und Zuneigung. Respektieren Sie die Vorlieben Ihrer Katze. Zu den Klassikern zählen Ballspiele: Beim „Fußball" fungiert der Mensch als Balljunge und darf verloren gegangene Bälle wieder ins Spiel bringen, beim Fangspiel jagt die Katze hinter dem Ball her. Dabei erweisen sich viele als Apportier-Asse und bringen die Beute zu Herrchen zurück – bereit zum nächsten Durchgang. Katzen, die vor Begeisterung die Krallen ausfahren, testet man nicht im wilden Kampfspiel. Langzeitvergnügen garantieren Angelspiel, Tastspiele nach versteckter Beute (Ball oder Mäuschen), Objektsuche nach Leckerbissen im Karton oder Bällen unterm Teppich, Partnersuche (jeder darf sich einmal verstecken: Mensch und Katze).

Spiel-Tipp: Beenden Sie die Spielstunde, wenn Begeisterung und Aufmerksamkeit bei Ihrer Katze nachlassen. Sofortiger Spielstopp, wenn im Eifer des Gefechts aus Spielspaß Ernst wird und die Katze kratzt und zubeißt.

Das Harmonie-Konzept

So vermeiden Sie Ärger und Probleme mit Ihrer Katze:
➤ Gefahrenquellen beseitigen. Das gilt für Gefährliche Substanzen (Reinigungs- und Frostschutzmittel, Rattengift, Alkohol,

Das lieben Katzen, das fürchten si

➤ **Ja!** Sanfte Bewegungen, leise Töne, gedämpftes Licht- **Nein!** Hektik, Lärm, grelle Beleuchtung
➤ **Ja!** Vertrautes Umfeld in Wohnung und Revier **Nein!** Möbelrücken und neue Gartengestaltung
➤ **Ja!** Den dezenten Geruch ihres Lieblingsmenschen **Nein!** Duft- und Parfümorgien
➤ **Ja!** Das gewohnte Futter in verschiedenen Geschmacksrichtungen **Nein!** Wechsel der Futtermarke
➤ **Ja!** Feste Reviergrenzen – auch in Haus und Wohnung **Nein!** Unangekündigte Zutrittsverbote und Aufkündigung verbriefter Rechte
➤ **Ja!** Ihre vertrauten Bezugspersonen **Nein!** Veränderungen im „Personalbestand" (neuer Lebenspartner, Baby)
➤ **Ja!** Beibehaltung des gewohnten Wohnsitzes **Nein!** Wohnungswechsel
➤ **Ja!** Liebevolles und sanftes Spiel mit Kindern **Nein!** Kinder, die Katzen wie Spielzeug behandeln

Tipp

Schöner reisen. Manchmal muss die Katze mit auf Reisen gehen. Damit die Tour nicht zur Tortur wird, kann man sensible Katzen ein bisschen besänftigen – mit einem leichten Beruhigungsmittel, das der Tierarzt verordnet. Am Reiseziel angekommen, klagt dann niemand mehr über Nachwirkungen.

Medikamente wie zum Beispiel Aspirin), Giftpflanzen, offenes Feuer (Kamin, Gasherd, Kerzen), heiße Herdplatten, spitze und scharfe Gegenstände (Messer, Scheren, Nadeln). Waschmaschine kontrollieren, Kippfenster schließen.

➤ Konsequent bleiben. Wenn das Schlafzimmer tabu ist, sollte es auch tabu bleiben. Einmal „hü" und einmal „hott" verstehen Katzen nicht.

➤ Betteln gilt nicht. Vom Tisch gibt's auf jeden Fall nichts. Auch nicht in Ausnahmefällen oder zur Belohnung. Leckerbissen immer in den Futternapf legen.

➤ Rücksicht nehmen. Stören Sie eine Katze nie im Schlaf, am Futternapf und auf der Toilette.

➤ Rauchen einschränken. Scharfe Gerüche und Zigarettenqualm beleidigen die Katzennase. Mindestens ein rauchfreies Zimmer gehört zu jeder Katzenwohnung.

Ein Fall für den Catsitter

Katzen gehen ungern auf Reisen. Und Autofahren ist auch nicht unbedingt ihre Lieblingsbeschäftigung. Wer seine Katze liebt, lässt sie im Urlaub zu Hause und sorgt dafür, dass es ihr an nichts fehlt. Das Zauberwort für die absolut perfekte Rundumbetreuung heißt Catsitter. Catsitter sind Katzenliebhaber, die ins Haus kommen und Pflege und Versorgung der Urlaubskatze übernehmen. Eine Runde Schmusen inklusive. Catsitter-Clubs arbeiten auf Gegenseitigkeit: Betreust du meine Katze, betreue ich deine Katze. Adressen und Kontakte über die lokalen Tierschutzvereine, Ihre Tageszeitung oder den Tierarzt. Natürlich klappt die Betreuung auch mit Verwandten, Freunden und Bekannten.

Das ist dann optimal, wenn die Katze mit ihrem Betreuer auf Zeit bereits vertraut ist. Alternative: die Katzenpension. Besuchen Sie die Pension Ihrer Wahl vorher. Achten Sie auf saubere Unterkünfte, Einzelhaltung der Katzen und Käfigauslauf. Wichtig: Der ausreichende Impfschutz Ihrer Katze!

Zärtliches Zwiegespräch: Katze und Mensch haben sich viel zu sagen.

Katzengymnastik zum Mitmachen

Die Katze ist ein Wunder an Geschmeidigkeit und Körperbeherrschung. Aber sie tut auch etwas dafür und hält sich mit viel Gymnastik fit. Probieren Sie doch einfach einmal aus, wie viel Katze in Ihnen steckt, und bringen Sie sich mit unserer Katzengymnastik in Hochform.

Der Katzenbuckel

Weltmeisterlich beherrscht die Katze den Wechsel von Anspannung und Entspannung. Mit der Katzenbuckel-Übung machen Sie es ihr nach: Arme durchgedrückt Kopf, Rücken und Po auf einer Linie. Dann Kopf zwischen die Arme, Bauch einziehen, Buckel machen. Und wieder entspannen.

Die Katze erwacht

Die Beine sind eingezogen, die Arme weit nach vorn gestreckt, die Stirn berührt den Boden. Der gesamte Körper wird gedehnt und gelockert: Die Katze erwacht. Jetzt langsam aus dem Sitz erheben. Die Arme wandern zur Seite, Kopf und Oberkörper kommen hoch: Die Katze wird munter.

Zentrum der Ruhe

...chen wir es doch einmal der
...ze nach: im Schneidersitz, den
...ck nach innen, völlig entspannt
...d der Welt entrückt, sich trei-
...lassen und an schöne Dinge
...ken. Keine Spur mehr von
...ess und Hektik, erfrischt an
...per und Seele. Der Jungbrun-
... genau nach Katzenart.

Vom Kopf zum Bauch

Hören Sie auf die Signale Ihres
Körpers, befreien Sie sich von der
Herrschaft des Kopfes. Die Herz-
Nabel-Meditation löst Anspannun-
gen und Verspannungen, lässt
Gefühle zu, die lange verschüttet
waren. Sie werden staunen, wie
bewusst und anders Sie Ihren Körper erleben können.

Strecken

Arme und Beine durchgedrückt,
die Fußsohlen leicht abgehoben,
den Po ganz weit nach oben gestreckt. So ähneln Sie einer Katze,
die sich nach dem Aufstehen
räkelt und streckt. Dann ein Bein
abheben und gerade und hoch in
die Luft strecken. Gar nicht so einfach, dabei die Balance zu halten.

Die Katze steht auf

... weit abgewinkelten Arme
...cken den Körper nach oben,
...ichzeitig wird auch der Kopf
...ehoben, bis er mit Rücken und
... wieder eine Linie bildet. Und
...es im Zeitlupentempo, das for-
...t die Muskeln. Denken Sie
...ei an Ihr großes Vorbild: Die
...ze macht es genauso.

chrrr
chchrr
cchchrr
Chrrrr
chrr

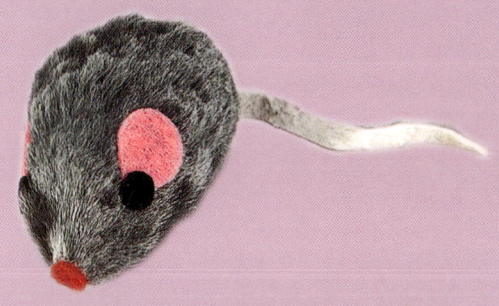

Der Schlüssel zur Katzenseele

Jeder Katzenbesitzer möchte wissen, was sein Liebling mag, was ihn begeistert, aufregt oder was er hasst. Katzen machen es uns leicht: Sie sagen stets deutlich, was sie wollen. Ein paar Grundbegriffe ihres Verhaltens und ihrer Sprache sollt man jedoch kennen.

Die Sprache der Katzen

Katzen verständigen sich durch Körper- und Lautsprache. Zur Körpersprache gehören Mimik, Ohrenstellung und Schwanzhaltung. Immer werden Körper- und Lautsprache kombiniert. Beispiel böse Katze: Sie legt die Ohren an und versucht ihr Gegenüber gleichzeitig mit dem schlimmsten Fauchen der Welt zu beeindrucken. Besonders wandlungsfähig ist der Gesichtsausdruck. Er allein verrät schon, ob die Katze gut gelaunt ist oder ob man sie lieber in Ruhe lassen sollte.

Stimmungen richtig erkennen

➤ Der Körper ist normal aufgerichtet, die Beine sind gestreckt, der Kopf erhoben, der Schwanz wird ruhig gehalten. Die Pupillen sind nicht geweitet, die Ohrmuscheln zeigen nach vorn. Wird die Katze angesprochen, reagiert sie mit einem freundlichen Miau zur Begrüßung. Die Katze ist ausgeglichen und zugänglich. Gegen Streicheleinheiten hat sie ganz bestimmt nichts einzuwenden.
➤ Sie macht einen langen Hals. Die Pupillen sind zu Schlitzen verengt, der Schnurr-

Dinner for Mrs. Stuart

Mrs. Stuart sagt mir, wann Zeit fürs Dinner ist. Sie setzt sich hin und starrt mich unverwandt an. Hilft die Hypnose nicht, machen ihre Klagelaute klar, dass sie in fünf Minuten den Hungertod stirbt. Reagiere ich selbst dann nicht, gibt es auch noch Katzenpfoten. Und die tragen Krallen...

bart ist weit abgespreizt und nach vorn gerichtet. Zusätzlich ist der Mund meist leicht geöffnet, die Mundwinkel sind nach hinten gezogen, der Unterkiefer bewegt sich schnell auf und ab, und die Katze gibt „schnatternde" Laute von sich. Auch der Schwanz zuckt wild.

Die Katze ist hellwach und neugierig. Sie richtet ihr Interesse auf eine Beute oder ein unbekanntes Objekt. Schnatterlaute sind typisch, wenn Katzen unerreichbare Beutetiere sehen (zum Beispiel Vögel vor dem Fenster). Ist die Katze völlig von einer Sache gefesselt, reagiert sie nicht auf andere Reize.

➤ Gestreckter Körper mit hochgestelltem Hinterteil. Die Katze steht steifbeinig da oder bewegt sich in Zeitlupe. Der Schwanz weist mit scharfem Knick nach unten, die Schwanzspitze zuckt. Haare in Rückenmitte und Schwanzhaare gesträubt. Ohren seitlich nach hinten gedreht, Pupillen zum Schlitz zusammen gezogen.

Die Katze droht und ist angriffsbereit. Das gilt sowohl Artgenossen als auch anderen Tieren. Der Gegner wird nicht aus den Augen gelassen. Anstarren und Knurren sollen ihn einschüchtern. Überwiegt die Wut, schlägt der Schwanz wild hin und her.

➤ Sie macht einen Katzenbuckel. Ihre Ohren sind zur Seite geknickt, die Pupillen erweitert. Der Blick geht starr geradeaus.

Die Katze steht unbeweglich, manchmal für Minuten. Typische Lautäußerung: Fauchen oder Spucken.

Die Katze ist in Abwehr- und Verteidigungsposition. Buckel und gesträubtes Rückenfell sollen sie größer erscheinen lassen. Meist signalisiert die Körperhaltung bereits Fluchtbereitschaft.

➤ Sie macht sich so klein wie möglich. Die Hinterbeine knicken ein und oft wird der Schwanz unter den Körper geschlagen. Das ganze Fell ist gesträubt, die Ohren zeigen flach nach hinten.

Die Katze ist unsicher und verängstigt. Wenn es die Situation erlaubt, zieht sie sich so bald wie möglich langsam und leise aus der Gefahrenzone zurück.

Lust auf Leine: Für kleine Katzen ist die ganze Welt ein Abenteuer-Spielplatz.

Die Supersinne der Katze

Die Katze ist ein perfektes Raubtier. Ihr kräftiger und geschmeidiger Körper macht sie zur begnadeten Schleichjägerin, ihre Sinnesorgane sind leistungsfähiger als die der meisten anderen Tiere.

Augen, die (fast) im Dunkeln sehen

Zwei wie Pech und Schwefel: Katzen, die gemeinsam aufwachsen, verbindet lebenslange Freundschaft.

Die Katze ist ein Augentier. Wie der Mensch kann sie stereoskopisch sehen. Das ist die unabdingbare Voraussetzung, um Entfernungen genau abzuschätzen, um die Beute nicht zu verfehlen und beim Zielsprung nicht unsanft auf der Nase zu landen. Mit einem Blickfeld von über 180 Grad ähneln Katzenaugen Weitwinkelobjektiven. Eine sehr vorteilhafte Optik: Auch von schräg hinten können unliebsame Zeitgenossen einer Katze kaum unbemerkt auf den Pelz rücken. Im Dämmerlicht sieht die Katze sechsmal besser als der Mensch. Zum einen kann sie ihre Pupille wie die Blendenautomatik einer Fotokamera vom schmalen Schlitz am hellen Tag zu voller

Was Katzen uns sagen wollen

In der Verständigung zwischen Katze und Mensch muss es keine Missverständnisse geben. Das sind „Redewendungen", die Ihre Katze im Gespräch mit Ihnen häufig benutzt:

▶ **Ich mag dich!** Zärtliches Anstupsen mit dem Kopf („Köpfchengeben"). Ähnliche Liebesbeweise: Flankenreiben, Pfotenauflegen, Händelecken.

▶ **Fang mich doch!** Läuft im Galopp vor dem Menschen her: Körper schräg zur Laufrichtung, Beine stocksteif, Schwanz wie eine Signalflagge gehisst.

▶ **Du und kein anderer!** Rollt sich hin und her, Schwanz zur Seite gelegt, Hinterteil auffordernd in die Höhe gestreckt, gurrende Laute: Rollige Katze umwirbt den Menschen.

▶ **Lass mich in Ruhe!** Stößt den Menschen mit der Pfote weg. Oft von Fauchen begleitet.

▶ **Streichle mich!** Liegt auf Rücken oder Seite, Beine weggestreckt und leicht eingeknickt, auffordernder Blick zum Menschen.

▶ **Ich habe Hunger!** Anstarren, häufig von Klagelauten begleitet. Läuft zwischendurch in Richtung Futternapf (Kühlschrank), um den Menschen endlich zum Öffnen der Futterdose zu verleiten.

▶ **Jetzt bin ich beleidigt!** Setzt sich ins Blickfeld des Menschen, wendet ihm aber den Rücken zu. Reagiert nicht auf Ansprache oder Rufen ihres Namens. Typische Reaktion der beleidigten Katze.

Öffnung in Dämmerung und Dunkelheit verändern. Zum anderen gibt es im Augenhintergrund eine lichtempfindliche Schicht, die wie ein Restlichtverstärker arbeitet und jeden Lichtstrahl an die Sehzellen weiterleitet. Perfekt für eine Jägerin, die spätabends auf die Pirsch geht. Da lässt sich verschmerzen, dass es mit der Sehschärfe nicht weit her ist. Katzen reagieren vor allem auf Bewegungen. Auf die der Lieblingsbeute natürlich, aber auch auf vertraute Personen und Tiere. Ihren Besitzer erkennt eine Katze an Silhouette und Bewegungsweise auf hundert Meter Entfernung.

Ganz Ohr für fiepende Mäuschen

Katzenohren nehmen Töne jenseits von 70.000 Hertz wahr (Obergrenze beim Menschen: 18.000 Hertz). Dass Katzen den Hochtonbereich unter Kontrolle haben, erleichtert die Jagd auf Mäuse: Die verständigen sich untereinander mit so genannten Stimmfühlungslauten exakt auf dieser Frequenz. Da ihre Ohrmuscheln wie Richtantennen arbeiten, kann die Katze den Ort des Geschehens genau anpeilen. Katzenohren bleiben selbst im Schlaf auf Empfang. Beim leisesten Mäusegetrappel ist die Katze schon auf den Pfoten. Alle anderen Geräusche sind ihr völlig schnuppe.

Nachrichten für die Nase

Die Katzennase ist das Lesegerät für alle möglichen Nachrichten – vor allem die der Artgenossen. Geschrieben werden die News mit Duftdrüsen. Die sitzen an Kopf, Kinn, Lippen und am After der Katze. Mit ihrer persönlichen Duftnote markieren Katzen Bäume, Büsche und besondere Revierpunkte, aber auch Gegenstände in der Wohnung und vertraute Personen. Zum Beispiel beim „Köpfchengeben" oder Flankenreiben am Bein des Menschen. Die Mitteilung lautet: „Das ist mein Besitz!" und ist als Memo für andere Katzen gedacht. Zur Begrüßung beschnuppern sich Katzen Nase an Nase. Und entscheiden dann, ob sie sich riechen können. Mit uns klappt es beim Nasentest wegen des Größenunterschiedes meist nicht so gut. Sehr zum Leidwesen der Katze. Völlig verrückt sind Katzen nach Katzenminze. Ausgelöst wird die rauschartige Reaktion vom Duft des Nepeta-Öls im Stiel und in den Blättern dieser Pflanze. Negative Folgen hat der Trip nicht. Ähnlich wirkt übrigens Baldrian.

Schnurrbart auf Tuchfühlung

Bekannt ist, dass Katzen mit den abgespreizten Haaren ihres Schnurrbarts die Durchgangsbreite von Schlupflöchern kon-

trollieren. Dass dabei aber nicht unbedingt Kontakt zum Objekt nötig ist, verblüfft auch Katzenkenner. Offenbar nehmen die Schnurrhaare kleinste Luftdruckänderungen und Luftwirbel wahr, die es um jeden festen Körper gibt. Auch bei der Mäusejagd im Dunkeln ist der Schnurrbart wichtig. Trägt die Katze die Maus weg, legt er sich wie ein Handschuh um die Beute und registriert jede Abwehrbewegung. Ähnlich sensible Haare sitzen auf der Stirn. Sie lösen bei Berührung reflexartig das Schließen der Augen aus und verhindern so Verletzungen.

In den Katzenpfoten sitzen winzige Druckempfänger, die auf Berührung und Erschütterung reagieren. Mit den Pfoten können Katzen auch erste Anzeichen eines bevorstehenden Erdbebens spüren.

Sinne der anderen Art

Die Katze ist zu verblüffenden Sinnesleistungen fähig. Dazu gehört das Flehmen, aber auch der unglaubliche Gleichgewichtssinn und ihr phänomenales Orientierungsvermögen. Für manche dieser Fähigkeiten gibt es Erklärungen, bei anderen tappen wir noch im Dunkeln.

Flehmen. Eine flehmende Katze ist der Realität scheinbar völlig entrückt: Der Mund ist leicht geöffnet, die Oberlippe

Kleine ängstliche Katze: Der erste Tag in einer fremden Welt.

hochgezogen, die Nase gerümpft, die Augen sind in die Ferne gerichtet. Beim Flehmen werden Geruchsstoffe vom Jacobsonschen Organ „geschmeckt". Das sonderbare Geruchsorgan liegt im Gaumen und erhält seine Duftinformation über die Zunge. Vor allem Sexuallockstoffe lösen das Flehmen aus, etwa bei Katern auf der Spur rolliger Kätzinnen.

Gleichgewichtssinn. Trotz ihrer Kletterkünste ist auch eine Katze nicht vor Abstürzen gefeit. Dass sie manchmal lediglich mit dem Schrecken davonkommt, verdankt sie ihrem sehr hoch entwickelten Gleichgewichtssinn. Der veranlasst den Körper zum Drehmanöver während des Falls. Und die Steuerung übernimmt der Schwanz. Klappt die Luftrolle, landet die Katze sicher auf allen vieren. Bei geringer Fallhöhe reicht die Zeit oft nicht zur Drehung.

Heimfindevermögen. Die Katze orientiert sich optisch, aber auch anhand von „Hörbildern". Das sind vertraute Geräusche, die als akustische Wegweiser dienen – vertrautes Hundegebell, Kirchenglocken oder Straßenlärm. Mit ihren Hörbildern findet sich eine Katze im Nahbereich gut zurecht. Bei der Langstreckenorientierung helfen solche Tonsignale nicht, weil der Katze die Umgebung fast immer fremd ist. Und doch gibt es unzählige Berichte von Katzen, die über 300, 500 oder mehr Kilometer glücklich wieder nach Hause fanden. Zumindest einige davon sind glaubhaft und überprüft. Wie die Katzen es genau machen, wissen wir nicht. Vielleicht reagieren sie auf das Magnetfeld der Erde oder auf elektrische Ladungsunterschiede in der Luft. Möglich ist auch eine Verrechnung des „inneren Zeitgebers" (den wahrscheinlich alle Säugetiere besitzen) mit dem Stand der Sonne, wie man es von den Brieftauben kennt. Völlig ratlos sind die Forscher hingegen bei Katzen, die ihre Besitzer suchten, nachdem die weggezogen waren. Die Tiere durchwanderten Gegenden, die sie nie gesehen hatten und kamen trotzdem – manchmal erst nach Monaten – am Ziel an.

Zeitsinn. Dass sich ihre Katze tagtäglich auf die Minute genau am Futternapf einfindet, überrascht die meisten Katzenbesitzer kaum. Manche halten aber auch Termine

Tipp

Balanceakt. So zeigt Ihnen die Katze ihre Balancierkunst. Stabile, 100 cm lange und 2 cm breite Holzleiste zwischen zwei Stühle legen und sicher befestigen (darf nicht wackeln, kippen oder rutschen). Katze mit Leckerbissen zum Sprung auf den Stuhl und zum Lauf über den Steg ermuntern.

im Wochen- oder 14-Tage-Rhythmus ein und irren sich nie. So wie die Katzen eines Londoner Stadtviertels, wo jeden Freitag ein fliegender Fischhändler seine Ware verkaufte. Regelmäßig verteilte der Mann die Fischreste an die Katzengesellschaft. Die fand sich immer pünktlich ein. Und stets nur am Freitag. An anderen Tagen ließ sich keine einzige Katze blicken.

Katzenrekorde – Rekordkatzen

Katzen sind zu außergewöhnlichen Leistungen fähig. Dass sie in vielen Sparten olympiaverdächtig und reif fürs Guinness-Buch der Rekorde sind, liegt auf der Hand.

➤ Ma, eine Tabby-Kätzin, hält den Altersrekord. Sie starb 1957 im stolzen Alter von 35 Jahren.

➤ Himmy, ein Tigerkater, ist die dickste Katze. Er wog 21,3 kg, als er 1986 starb. Die dickste heute lebende Katze ist Kato aus Norwegen. Sie wiegt 16,7 kg und hat einen Nackenumfang von 36 cm (normal sind 20 bis 25 cm). Die schwerste Katzenrasse ist die Maine Coon. Maine-Coon-Kater erreichen bis zu 10 kg.

➤ Die kleinste Katze ist Tinker Toy, eine US-amerikanische Blue-Point-Perserkatze. Sie ist 7 cm hoch und ganze 19 cm lang. Als kleinste Katzenrasse gilt die Singapura, die in Singapur als „Abflussrohrkatze" bekannt ist. Gezielt gezüchtet werden Singapura erst seit wenigen Jahren in den USA. Durchschnittsgewicht: 2 kg.

➤ Snowbie aus England ist der längste Kater. Er bringt es auf eine Kopf-Schwanz-Länge von 1,03 m bei einem Gewicht von 9 kg und einer Körperhöhe von 33 cm. Allein Snowbies Schwanz misst 31 cm.

➤ Towser, eine Schildpattkatze, war die erfolgreichste Mäusejägerin. Angeblich hat sie in ihrem Leben – Towser starb 1987 – fast 29.000 Mäuse zur Strecke gebracht.

➤ Arthur gilt als geschickteste Katze. Arthur jobbt als Fotomodell für einen englischen Katzenfutterhersteller. Katzenfutter aus einer Dose zu schaufeln gehört zu Arthurs leichtesten Übungen.

Nasestupsen, Köpfchengeben, Kinnreiben: So zeigen Katzen uns ihre Liebe.

Die 1000 Gesichter der Katze

Ob beim Anschleichen der Beute, bei der großen Katzenwäsche, beim Balancieren auf schmalem Ast oder bei der Siesta – das Verhalten der Katze ist an jede nur denkbare Situation und Herausforderung angepasst. Die beste Voraussetzung, um immer alles unter Kontrolle zu haben.

Gute Landung!

Pflegeprogramm

Die tägliche Hauptwäsche ist al len Katzen heilig. Hingebungsv und ausdauernd reinigt, wäscht kämmt und bürstet die Zunge je Körperpartie. Wo sie nicht hinkommt, helfen die Pfoten aus. Dazwischen bringen Kurzwasch gänge das Fell nach Siesta und Mahlzeit schnell wieder in Form

Siesta & Signale

Im Schlafen und Dösen sind Katzen rekordverdächtig: Mancher Sofatiger bringt es auf sagenhafte 20 Stunden pro Tag. Markieren: Duch Wangenreiben am Baumstamm oder Köpfchengeben beim vertrauten Menschen setzen Katzen Duftsignale und melden ihre Besitzansprüche an.

Duftsign:

Aus die Maus

Jagd war erfolgreich. Mit der
us zwischen den Zähnen macht
h die Katze auf den Heimweg.
t nie wird die Beute am „Tat-
" verzehrt. Der Schnurrbart legt
h wie ein Handschuh um das
er und kontrolliert seine Posi-
n. Damit die Mahlzeit nicht im
zten Moment Beine bekommt.

Immer hellwach

Katzenohren sind zu jeder Tages-
und Nachtzeit auf Empfang, selbst
wenn die Katze schläft. Vor allem
raschelnde Geräusche wecken die
Neugier einer Katze. Und wenn es
irgendwo fiept und wispert, ver-
harrt sie wie gebannt und ist nur
noch Auge und Ohr. Es könnte ja
ein Mäuschen sein.

Traumhaft sicher

Katzen beherrschen ihren Körper
in Vollendung und in jeder Le-
benslage. Beim Balancieren auf
Ästen und Geländern wird der
Schwanz zum Steuergerät und
Männchen machen können Stubentiger natürlich auch. Aber alles
aus freien Stücken und wenn man
ein lohnendes Ziel vor Augen hat.

Hi!

sole mio!

Locker & leise

Das süße Nichtstun zu genießen,
ist den Katzen schon in die Wurf-
kiste gelegt. Aber sie können auch
ganz anders: Zum Beispiel mucks-
mäuschenstill vor dem Mauseloch
auf die Gelegenheit des Tages lau-
ern – jeder Zoll des Körpers ange-
spannt und erregt bis in die Spit-
zen der Barthaare.

p r r r r
p r r r r p
r r r r r r r
p r r r r r r r
p r r

Wenn es zu Missverständnissen kommt

Manchmal bekommt auch die glücklichste Beziehung von Mensch und Katze kleine Risse. Der Katze geht etwas gegen den Strich, und sie teilt es uns mit. Bevor aus kleinen Rissen große werden, sollten Sie nach den Ursachen ihrer Verstimmung suchen.

Die häufigsten Probleme

Kranke Katzen verhalten sich anders als gesunde. Daher muss zuerst immer eine Erkrankung ausgeschlossen werden, bevor man nach anderen Ursachen für das veränderte Verhalten der Katze sucht.

Unsauberkeit

Die Katze benutzt ihre Toilette nur noch sporadisch oder gar nicht mehr und verrichtet ihr Geschäft an anderen Stellen in der Wohnung.

Ursachen: Die Toilette ist verschmutzt, wird zu selten gereinigt, die Einstreu wird nicht akzeptiert, die Toilette steht am falschen (unruhigen, zugigen) Platz. Verweigert wird häufig auch eine zu kleine Toilettenschale, in der die Katze nicht richtig scharren und sich nicht drehen kann. Manche Katzen lehnen Haubentoiletten ab, weil sich unter der Haube Gerüche stauen können.

Weitere Auslöser: Eifersucht (Baby, neuer Lebenspartner der Bezugsperson, neues Haustier), veränderte Wohnungseinrichtung, Umzug. Wird das Geschäft an bestimmten Stellen verrichtet, markiert die Katze wahrscheinlich ihr Revier.

Konrads Hungerstreik

Endlich hatten sie es verstanden. Viel länger hätte Konrad den Hungerstreik auch nicht durchgehalten. Von dem Tag an als die neue Katze ins Haus kam, hatte er das Futter verweigert. Sie war nett, aber Konrad störte es, dass sie ihm beim Essen zusah. Jetzt hatte er sein eigenes Esszimmer.

Lecker, Lecker!
as Schinkenbrot
st aber auch gar
zu verführerisch.

Therapie: Toilette regelmäßig säubern, eventuell Streumarke wechseln und neuen Standort wählen, viel Zuwendung und Zärtlichkeit bei Eifersucht und nach Umzug. Bei Reviermarkierung verhindert ein Spray (Feliway, Bezug über den Tierarzt), dass die Stelle wieder benutzt wird. Ertappt man die unsaubere Katzen auf frischer Tat, hilft ein Spritzer aus der Wasserpistole. Erfolg verspricht auch eine Mausefalle, die mit der Unterseite nach oben an den „Tatort" gelegt wird. Bei Berührung schnellt sie hoch, der Schreck kann heilsam sein. Anrüchige Stellen zeitweise mit Folie abdecken. Halten Sie mehrere Katzen kommt man der Übeltäterin mit speziellen Tropfen (Bezug über den Tierarzt) auf die Spur, die den Urin leuchtend gelb färben. Mögliche organische Ursachen: Blasenentzündung, Blasensteine, Harngrieß.

Krallenwetzen

Die Katze schärft ihre Krallen an Sofa, Sessel, Teppich und Schrank.
Ursachen: Kratzbaum oder Kratzbrett fehlen. Katzen wetzen die Krallen, um die

alten Krallenhüllen abzustreifen und um ihr Revier zu markieren. Dabei bevorzugen sie stets die gleichen Stellen. Ein Kratzbaum, der abseits in der Ecke steht, wird nicht akzeptiert.
Therapie: Kratzbaum neu platzieren, am besten zwischen Schlafplatz und Futternapf, weil dies der erste Weg der Katze nach dem Aufstehen ist. Manche Katzen wollen beim Krallenwetzen Fäden ziehen. Bei Sisalbespannung klappt das nicht. Umwickeln Sie den Kratzbaum mit geeigneten Stoffen.

Spielst du mit mir? Kinder und Katzen leben in ihrer eigenen kleinen Welt.

Futterverweigerung

Die Katze rührt ihr Futter nicht an, lässt das meiste unberührt oder beschränkt sich auf bestimmte Futterbröckchen.

Ursachen: Manche Tiere verweigern die Nahrung, wenn der vertraute Mensch nicht im Haus ist. Ein Wechsel der Futtermarke wird von vielen abgelehnt. Weitere Ursachen: Störung beim Fressen, Dominanz anderer Tiere, Fütterung in der Nachbarschaft, Verwöhnen.

Therapie: Katze begrenzte Zeit von anderem Familienmitglied versorgen lassen, um Abhängigkeit zu lösen; zur gewohnten Futtermarke zurückkehren; zeitversetzt oder getrennt füttern, wenn es bei mehreren Katzen Probleme gibt; bei verwöhnten Tieren konsequent bleiben; Nachbarn bitten, nicht mehr zu füttern. Mögliche organische Ursachen: fieberhafte Erkrankungen und Schmerzzustände, Zahnprobleme, Entzündungen von Mundhöhle und Zahnfleisch, Fremdkörper im Rachen.

Übermäßige Futteraufnahme wird oft durch Futterneid ausgelöst (auch zwischen Katze und Hund). Nur selten besteht eine Veranlagung zur Fresssucht.

Für viele Senioren wird die Katze zum neuen Mittelpunkt ihres Lebens.

Die häufigsten Haltungsprobleme

▶ **Unsauberkeit**	Verschmutzte Toilette, ungeeignete Einstreu, falscher Standort der Toilette, häufiges Alleinsein, mangelnde Zuwendung, Eifersucht.
▶ **Krallenschärfen**	Fehlende Kratzmöglichkeiten in der Wohnung (Kratzbaum, -brett), Imponiergehabe gegenüber zweiter Katze.
▶ **Futterverweigerung**	Trennungsangst und Trauer (Verlust von Bezugsperson oder Artgenosse), Wechsel der Futtermarke, Unterdrückung durch ein anderes Tier.
▶ **Aggressivität**	Eifersucht, längeres Alleinsein, Entzug gewohnter Rechte, unregelmäßiger Tagesablauf des Besitzers.
▶ **Streunen**	Suche nach Sexualpartnern (nicht kastrierte Tiere), Revierverteidigung, veränderte Wohnungseinrichtung (Möbelrücken), Umzug, zweites Tier im Haus.
▶ **Ängstlichkeit**	Verhätscheln, fehlender Kontakt zu Menschen und Tieren, traumatisches Erlebnis, dominanter Artgenosse.
▶ **Zestörungswut**	Langeweile, übermäßiges Alleinsein.
▶ **Selbstbeschädigung**	Nervosität, Unsicherheit, Unterdrückung durch dominanten Artgenossen, Züchtigung durch Besitzer.

Wichtig: Auch Krankheit und Schmerzen beeinflussen das Verhalten. Zeigt Ihre Katze auffällig veränderte Verhaltensweisen, sollte sie immer zuerst dem Tierarzt vorgestellt werden.

Therapie: getrennt füttern, Futterration beibehalten, auf Leckerbissen verzichten, nach Absprache mit dem Tierarzt auf Diät setzen.
Mögliche organische Ursachen: Bewegungsmangel, Wurmbefall und auch hormonelle Störungen.

Aggressivität

Die Katze lässt sich nicht streicheln und lehnt Spielangebote ab, bei Annäherung wehrt sie sich mit Fauchen und Kratzen.
Ursachen: Eifersucht. Dabei reagieren Katzen je nach Naturell beleidigt, trotzig oder aggressiv, wenn eine zweite Katze in die Wohnung kommt. Weitere Ursachen: Vernachlässigung, Verweigerung aller Rechte, Trennung von der Bezugsperson.
Therapie: vorübergehend mit der Hand füttern, um Distanz abzubauen, durch Spielen Vertrauen zurückgewinnen.
Mögliche organische Ursachen (bei plötzlicher Aggressivität): alle Schmerzzustände, Tollwut, Aujeszkysche Krankheit, Epilepsie.

Streunen

Die Katze bleibt häufig mehrere Tage und Nächte von zu Hause weg.
Ursachen: Unkastrierte Kätzinnen und Kater, die nach Geschlechtspartnern

suchen. Weitere Ursachen: Revierverteidigung der Kater gegenüber Rivalen, Vernachlässigung durch den Besitzer, Dominanz anderer Tiere.

Therapie: Die Kastration stoppt den Geschlechtstrieb. Wohnung katzengerechter gestalten, der Katze mehr Zeit widmen, ihre Privatsphäre vor Rivalen schützen.

So läuft es leichter ...

... beim Umzug. Die Katze bleibt in einem Zimmer, das zuletzt ausgeräumt wird. Bringen Sie sie mit dem eigenen Auto zur neuen Wohnung. Hier gibt es schon Katzenkorb, Näpfe, Toilette, Kratzbaum und Spielzeug. Der Raum mit der Katze bleibt am Umzugstag geschlossen und wird erst später eingeräumt. Auslauf frühestens nach ein bis zwei Wochen.

... mit den Nachbarn. Nicht jeder mag Katzen in seinem Garten. Sprechen Sie mit Ihren Nachbarn, und stellen Sie ihnen die Katze vor. Schenken Sie dem Nachbarn eine Wasserpistole, wenn sich die Katze auf seinem Rasen verewigt. Er sieht, dass Sie sich um das Problem kümmern, und ein paar Wasserspritzer wirken bei einer Katze wahre Wunder.

... mit dem Vogelschutz. Katzen erwischen nur selten gesunde Vögel. Im eigenen Garten stoppen Metallmanschetten um die

Keine Angst vor großen Tieren: Und immer siegt die Neugier.

Baumstämme jede Kletterpartie der Katze. Seit neuestem gibt es auch in Deutschland ein Halsband für Katzen, das mit optischen und akustischen Signalen den Vogel warnt, wenn die Katze sich anschleichen will.

Kleine Erziehungsregeln

Positiv verstärken. Loben, streicheln und verwöhnen Sie eine Problemkatze für jede gute Tat. Kleine Pfützen stillschweigend aufwischen, bei zuverlässiger Benutzung der Katzentoilette dagegen gibt es Lob und Leckerbissen.

Auf frischer Tat ertappen. Maßregeln wirkt nur, wenn die Katze es mit dem Fehlverhalten verbindet, also dabei erwischt wird. Katze auf dem Tisch oder beim Pflanzenknabbern: mit Blumenspritze oder Wasserpistole nass spritzen. Ebenso wirkungsvoll: anfauchen oder ins Gesicht pusten.

Konsequent bleiben. Im Umgang mit einer Katze ist Konsequenz der Schlüssel zur Harmonie. Keine Katze wird es verstehen, wenn sie während der Woche in Ihrem Bett schlafen darf, am Wochenende aber vor verschlossener Schlafzimmertür steht.

Ein bisschen Geduld. Katzen beharren auf ihren Gewohnheiten. Wer das weiß, bringt mehr Verständnis und Geduld im Umgang mit seiner Katze auf.

Wenn Katzen böse sind

Katzen kennen unzählige Wege, um uns ihre Zuneigung zu zeigen. Aber fast genauso viele, um zu sagen: „Lasst mich in Ruhe!" In Katzenkreisen verschafft man sich mit Fauchen, Spucken und drohender Mimik so viel Respekt, dass sich „Handgreiflichkeiten" oft vermeiden lassen.

Alter Schreihals

Ein richtig fieser Miesepeter, der schreiende Kater? Keine Spur: Wo es auf den ersten Blick nach Zoff riecht, herrscht eher Katerstimmung. Der Kater legt zwar lautstark Protest ein, aber böse und aggressiv ist er nicht. Das sagen uns schon seine Ohren, die aufmerksam nach vorn zeigen.

Miesepeter

Angsthase

Wer Angst hat, macht sich am liebsten unsichtbar. Völlig von d Bildfläche zu verschwinden, sch fen selbst Katzen nicht. Aber sie machen sich so klein wie möglic Die Beine knicken ein, der Kopf wird eingezogen, der Bauch berührt schon fast den Boden. Oft genug hilft's tatsächlich.

Alles auf Abwehr

Die Angst ist riesengroß, aber Gelegenheit zur Flucht hat die Katze offensichtlich nicht. Völlig in die Defensive gedrängt, stellt sie sich dem Gegner und will ihn mit Fauchen und Spucken beeindrucken. Ob das angesichts des ängstlich geduckten Körpers und der angelegten Ohren Wirkung zeigt?

Karate-Ca

Augen-Blick (1)

...ach Lichteinfall verändert die ...ille im Katzenauge ihre Größe. ...ichzeitig ist sie aber auch ein ...mmungsbarometer: Eine schma-...upille signalisiert Interesse ...d Anspannung bis hin zur War-...g vor dem Angriff, die große ...ille steht für Abwehrbereit-...aft und Angst.

Groß und stark

Kätzchen-Show

Auch kleine Katzen wollen manch-mal Eindruck machen. Nach Kat-zenart sind da ein Buckel und die gesträubten Haare genau richtig, um viel größer und furchtein-flößender auszusehen. Dass die Kätzchen-Show hier eher freund-lich gemeint ist, verrät der hoch erhobene Schwanz.

Angreifen oder nicht?

Keine Versöhnung in Sicht. Wenn kein Wunder geschieht, macht die Katze Ernst. Das erzählen ihre nach hinten gerichteten Ohren, die starr fixierenden Augen, das gesträubte Rückenfell und der abgeknickte Schwanz. Nur der Buckel spricht eine andere Spra-che: Denn da ist Angst im Spiel.

Hasenfuß

Kampferprobt

...r sich auf Händel einlässt, ...ss damit rechnen, dass er ...ern lässt. Risse in den Ohren, ...tzer auf der Nase und manch-...l auch Bisswunden sind die ...ischen Andenken aus Katzen-...mpfen. Beim Schlagabtausch ...t man zur Sicherheit die Ohren ...und schließt die Augen.

Augen-Blick (2)

Bei ernsthaftem Drohen und be-vorstehender Attacke sind die Pu-pillen schmal, äußerlich zeigt die Katze keine Erregung (deswegen auch „kalte Wut"). Bei verengten Pupillen muss aber nicht immer das Schlimmste befürchtet wer-den: Sie signalisieren auch Neu-gier und Interesse.

Register

Die **halbfett** gesetzten Seitenzahlen verweisen auf Abbildungen.

Adressen

■ **Verein Deutscher Katzen-freunde e.V.**
Postfach 740924,
22099 Hamburg
■ **Deutscher Edelkatzen-züchterverband (1. DEKZV)**
Berliner Straße 13, 35614 Aßlar
Internet: http://www.dekzv.de
■ **Deutsche Rassekatzen Union e.V. (DRU)**
Hauptstraße 56,
56814 Landkern
Internet: http://www.DRU.de
■ **Österreichischer Verband für die Zucht und Haltung von Edelkatzen (ÖVEK)**
Liechtensteinstr. 126, 1090 Wien
■ **Fédération Féline Helvé-tique (FFH)**
Denise Kötz, Solothurnerstr. 83,
4053 Basel, Schweiz
Internet: http://www.ffh.ch
■ **Deutscher Tierschutzbund e.V.**
Baumschulallee 15, 53115 Bonn
Internet: http://
www.tierschutzbund.de

Zeitschriften

■ **Whiskas® Katzenwelt**
Erscheint viermal im Jahr kostenlos bei Whiskas®
Betreuungs-Service, Postfach 6808, 76048 Karlsruhe, Tel. 01805/300311
Internet: http://www.whiskas.de
■ **Ein Herz für Tiere**
Gong Verlag, Nordendstraße 64, 80801 München
Internt: http://www.herz-fuer-tiere.de
■ **Geliebte Katze**
Gong Verlag, Nordendstraße 64, 80801 München
Internet: http://www.geliebte-katze.de
■ **die edelkatze**
Illustrierte Fachzeitschrift für Katzenfreunde. Verbandszeitschrift des DEKZV, Berliner Straße 13, 35614 Aßlar
■ **katzen**
Herausgeber: Deutsche Rassekat-zen-Union e. V. (DRU), Hauptstraße 56, 56814 Landkern

Die Autorin

Dr. med. vet. Anne Warrlich prakti-ziert in ihrer eigenen Tierarztpraxis. Daneben hält sie Vorträge und Seminare – speziell zum Thema Kat-zen und Hunde – und arbeitet als freie Mitarbeiterin für verschiedene tierärztliche Fachzeitschriften sowie die Tagespresse.

Die Fotografin

Monika Wegler gehört zu den bes-ten Heimtierfotografen Europas. Sie arbeitet außerdem als Journali-stin, Tierbuch-Autorin, züchtet Abes-sinierkatzen und lebt mit sieben Samtpfoten zusammen.
Die folgende Aufnahmen dieses Rat-gebers stammen von ihr:
Seite 2, 3, 4, 5, 6, 7, 9, 10, 11, 12, 14, 15, 16, 17, 18, 24, 25, 28, 29, 30, 31, 33, 34, 35, 42, 43 (außer mi.mi.), 44, 45, 46, 47 o.li., 52, 53, 54, 55, 61, 64, 65, 66, 67, 68, 69 o.li., 73, 74, 75 (außer o.mi.);
Whiskas®: Seite U1, 1, 19 u.re., 32, 36 li., 41, 43 mi.mi., 50, 56, 57, 58 li., 70 re., 75 o.mi., U4;
Verein Deutscher Katzenfreunde e.V.:
Seite 13, 19 o.li., 21, 23, 27, 36 re.,

39, 40, 47 u.re., 49, 51, 58 re., 63, 69 u.re., 70 li.

Ein Dankeschön an

Barbara Ehrl, die für die Fotoproduktion Katzenausstattung zur Verfügung stellte („Katzenoase", Georgenschwaigstraße 1, 80807 München, e-mail: Katzenoase@t-online.de).

Wenn Sie Fragen oder Anregungen haben, dann können Sie sich selbstverständlich auch direkt an unseren Partner wenden:

Whiskas®
Masterfoods GmbH
Kundentelefon: 01805/300311
Internet: http://www.whiskas.de

Impressum

©2001 Gräfe und Unzer Verlag GmbH, München. Alle Rechte vorbehalten. Nachdruck, auch auszugsweise, sowie Verbreitung durch Bild, Funk, Fernsehen und Internet durch fotomechanische Wiedergabe, Tonträger und Datenverarbeitungssysteme jeder Art nur mit schriftlicher Genehmigung des Verlages.

Redaktionsleitung: Anita Zellner
Redaktion: Gabriele Linke-Grün
Umschlaggestaltung und Layout: Henning Bornemann
Projektleitung Whiskas® (Masterfoods GmbH): Margrit Kolbe-Hopp
Herstellung: Susanne Mühldorfer
Satz: Cordula Schaaf
Reproduktion: Penta, München
Druck: Appl
Bindung: Monheim

Printed in Germany
ISBN 3-7742-5390-0

Auflage: 4.   3.   2.   1.
Jahr: 04   03   02   2001

Das Original mit Garantie

Ihre Meinung ist uns wichtig. Deshalb möchten wir Ihre Kritik, gern aber auch Ihr Lob erfahren. Um als führender Ratgeberverlag für Sie noch besser zu werden. Darum: Schreiben Sie uns! Wir freuen uns auf Ihre Post und wünschen Ihnen viel Spaß mit Ihrem GU-Ratgeber. Unsere Garantie: Sollte ein GU-Ratgeber einmal einen Fehler enthalten, schicken Sie uns bitte das Buch mit einem kleinen Hinweis und der Quittung innerhalb von sechs Monaten nach dem Kauf zurück. Wir tauschen Ihnen den GU-Ratgeber gegen einen anderen um.
Ihr Gräfe und Unzer Verlag
Redaktion Heimtier
Stichwort: Whiskas® Katzenratgeber
Postfach 860325
81630 München
Fax: 089/4 19 81-113
e-mail:
leserservice@graefe-und-unzer.de

WHISKAS® KATZENRATGEBER

damit Ihre Katze sich wohl fühlt

ISBN 3-7742-5388-9
80 Seiten

ISBN 3-7742-5391-9
80 Seiten

ISBN 3-7742-5390-0
80 Seiten

ISBN 3-7742-5389-7
80 Seiten

Die Welt der Katzen entdecken und alles erfahren, was man schon immer über die kleinen Tiger wissen wollte! So klappt das harmonische Zusammenleben von Mensch und Katze von Anfang an.

WEITERE LIEFERBARE TITEL BEI GU:

➤ AUS LIEBE ZUM TIER: Meine Katze und ich

➤ MEIN HEIMTIER: Die Katze

➤ TIERMEDIZIN: So bleibt meine Katze gesund,
Sanfte Medizin für meine Katze

➤ TIERE ERLEBEN: Katzen

Gutgemacht. Gutgelau

prrrr